Das denkende Universum

Für Oxana.
Dir habe ich es zu verdanken,
dass ich dieses Büchlein geschrieben habe.

Christian Fülling

Das denkende Universum

Das spirituelle Weltbild der Schule des positiven Denkens

*Bibliografische Information der Deutschen Nationalbibliothek:
Die Deutsche Nationalbibliothek verzeichnet diese Publikation
in der Deutschen Nationalbibliografie; detaillierte bibliografische Daten sind im Internet über http://dnb.dnb.de abrufbar.*

© 2015, Christian Fülling

*Herstellung und Verlag:
BoD – Books on Demand, Norderstedt*

ISBN: 978-3-7386-2041-2

Inhalt

Vorwort 6

Die Aussagen Jesu 12

Kapitel 1: Die Grundlage 13
Wissen – Glaube – Hingabe – Erkenntnis

Kapitel 2: Die Technik 24
Einleitung
Die Erkenntnis, die zur Einheit führt
Die Beziehung zwischen Universum und Mensch
Die Einheit, die zur Macht führt

Kapitel 3: Die Umsetzung 50
Unser Wille und Gottes Wille
Gottes Wille, das perfekte Bild
Gottes Gesetz der Vergebung
Gottes Sprache, unsere Intuition

Kapitel 4: Abschließende Bemerkungen 89
Der kollektive menschliche Geist
Zwischenmenschliche Beziehungen
Natur- und zwischenmenschliche Katastrophen

Praxisbeispiel I 103

Praxisbeispiel II 106

Nachwort 109

Über den Autor 111

Literaturempfehlungen 112

Vorwort

Die materielle Sicht
Die Neurowissenschaften, insbesondere die Gehirnforschung, und auch junge Wissenschaften, wie die Psychoneuroimmunologie, enthüllen fast täglich spektakuläre Forschungsergebnisse. Vor ein paar Jahren noch als esoterisches Geplapper belächelt, steht heute fest: Positives Denken hat einen immensen positiven Einfluss auf unsere neuroanatomische, neurofunktionelle und neurochemische Ebene. Die 400 Jahre alte schulmedizinische Doktrin, dass sich unser Gehirn ab einem bestimmten Alter nicht weiter entwickelt, gehört zum Schnee von gestern. In Wissenschaftskreisen spricht man heute von der neuronalen Plastizität: Unser Denken und Fühlen hat einen direkten Einfluss auf das physische Gehirn und somit auf unsere Gesundheit und somit auf unsere Lebensumstände.
In dieser Abhandlung geht es allerdings nicht um die wissenschaftliche sondern um die spirituelle Dimension beim praktizierten positiven Denken. Die wissenschaftlichen Erkenntnisse allein reichen zwar aus, um zu verstehen, WAS man beim positiven Denken tut und WARUM man es tut. Die Wahrheit jedoch ist, dass die moderne Wissenschaft nur das beweist, was die Esoterik und Spiritualität bereits seit Tausenden von Jahren proklamieren. Die Wissenschaft trifft auf die Spiritualität! Sie sollten Hand in Hand gehen. Max Planck, Begründer der Quantenphysik, hat das schon vor Jahrzehnten auf den Punkt gebracht: „Für den gläubigen Menschen steht Gott am Anfang, für den Wissenschaftler am Ende aller seiner Überlegungen."
Folgend finden Sie eine Auflistung aktueller wissenschaftlicher Fakten, die sichtbar machen, wie mächtig unser Geist und unser Denken (schon immer gewesen) sind. Entsprechende Links dazu finden Sie auf meiner facebook-Seite:
www.facebook.com/PositivesDenkenHilft

1. DAS WICHTIGSTE: die neuronale Plastizität! Die physische Struktur unserer Gehirne wird laufend durch unser Denken und Fühlen verändert.
2. Gene und Zellen können durch Gedankenkraft gesteuert und deren Beschaffenheit durch unser Denken und

Fühlen verändert werden. Die uralte wissenschaftliche Doktrin des genetischen Determinismus ist in großen Teilen Schnee von gestern.
3. Telepathie ist kein Mythos mehr! Wissenschaftlern gelang der Nachweis der Gedankenübertragung auf einer Entfernung von mehreren tausend Kilometern.
4. Parkinsonkranke erfuhren signifikante Besserung durch die Einnahme wirkungsloser Scheinpillen (Placebo-Effekt). Es gibt eine Unmenge an wissenschaftlichen Forschungsergebnissen zum Placebo-Effekt. Der Placebo-Effekt ist das Ergebnis positiven Denkens oder Glaubens!
5. Negative Erwartungshaltung (negatives Denken) neutralisiert die Wirkung starker Medikamente (Nocebo-Effekt). Negatives Denken ist genauso mächtig wie positives Denken!
6. Die Knie von Arthrose-Patienten heilten nach einer Scheinoperation genauso gut, wie die von Patienten nach einer tatsächlichen OP (Placebo-Effekt).
7. Muskelaufbau ist durch reine Vorstellungskraft möglich.
8. Meditation hat einen heilenden und beruhigenden Einfluss auf die physische Struktur unserer Gehirne. „In der Ruhe liegt die Kraft" ist keine Floskel!
9. Die bloße Vorstellung, Klavierspielen zu üben, und das tatsächliche Üben am Klavier aktivieren dieselben Gehirnregionen. Das heißt: Wir lernen mit bloßer Vorstellungskraft annähernd genauso gut wie beim tatsächlichen Üben! Das ist die Basis von Mentaltraining, was beispielsweise Sportler gewinnbringend einsetzen.
10. Maschinen und Flugkörper (Drohnen) werden nur mithilfe reiner Willenskraft gesteuert.
11. Zuversicht (Selbst- und Fremdzuversicht) aktiviert unsere natürlichen Selbstheilungskräfte. Die Aussagen unserer Ärzte spielen eine entscheidende Rolle im weiteren Verlauf unserer Krankheiten (Placebo- und Nocebo-Effekt).

12. In Japan gibt es eine Forschungsgruppe, die daran arbeitet, unsere nächtlichen Träume auf Bildschirmen sichtbar zu machen.
13. Trainieren im Traum ist kein Science Fiction. Klarträumen (der Träumer ist sich bewusst, dass er träumt) ist wissenschaftliche Realität.
14. Die kognitive Verhaltenstherapie behandelt erfolgreich Depressionen nur mithilfe einer geänderten Reaktion auf das Denken und die Umstände (Positives Denken therapeutisch angewandt).
15. Neuropsychotherapeutische Behandlungsformen wie EMDR „heilen" traumatisierte Gehirnregionen, die bislang als unheilbar galten (neuronale Plastizität).

Die spirituelle Sicht
2005 hatte ich dieses Werk in sieben Tagen niedergeschrieben. Die hier beschriebenen Zusammenhänge psychospiritueller Natur sind - aus meiner Sicht - ewig gültige Wahrheiten. Dieses Büchlein entstand kurz vor der Renaissance des „Neuen Denkens" beziehungsweise der Neugeistbewegung, die durch den bemerkenswerten Erfolg von „The Secret" ausgelöst wurde. Das Weltbild hinter „The Secret" und dem positiven Denken wurde allerdings schon vor zweitausend Jahren von niemand Geringerem als Jesus von Nazareth klar und deutlich zum Ausdruck gebracht. Die metaphysische und philosophische Lehre der mittlerweile 160 Jahre alten Neugeistbewegung hat mir maßgeblich dabei geholfen, das zu erkennen und zu verstehen. Auch wenn die Neugeistbewegung sämtliche Religionen und Philosophien in ihrem Gedankengut vereint, so stehen die Lehren Jesu Christi im Vordergrund. Darauf möchte ich mit diesem Werk die Aufmerksamkeit der Leser und Leserinnen richten. Die Klassiker der Neugeistbewegung, darunter die „Vollkommenheitslehre" von Dr. Ernest Holmes und die Bücher von Thomas Troward, haben es geschafft, mir das zu geben, was mir die großen Kirchen nicht geben konnten, nämlich einen unerschütterlichen Glauben an die Existenz Gottes - und das, obwohl ich ein Atheist war! Dennoch ist diese Abhandlung keine religiöse und noch viel weniger eine theologische. Sie ist eine in sich geschlossene, überkonfessionelle und

spirituell fundierte Darlegung, basierend auf den Lebenserfahrungen eines ganz normalen Bürgers - meine Wenigkeit -, die durch nichts Weiteres ergänzt werden muss. Daher habe ich inhaltlich kaum etwas hinzugefügt. Wenn man sie mit einem aufnahmebereiten und offenen Gemüt studiert, dann können schon während des Lesens positive Veränderungen eintreten.
Ich habe am eigenen Leibe und an meiner eigenen Psyche sowohl kleine als auch große Wunder erleben dürfen, während ich lernte, die Schule des positiven Denkens der Neugeistbewegung in meinem Leben bewusst zu integrieren und anzuwenden. So konnte ich mich beispielsweise von einer schweren Neurodermitis, von einem Augenleiden und von mehreren Allergien bewusst befreien. Notfallgebete haben Verwandte aus Notsituationen befreit. Die praktizierte Vergebung hat mein verletztes Herz immer wieder schmelzen lassen. Und psychische Störungen anderer konnten kuriert werden. Ich bekenne mich dazu, dass geistige Heilung etwas absolut Mögliches, ja geradezu Normales ist. Das sogenannte Wunder ist nur die Wirkung erfolgreichen Glaubens. Der Placebo-Effekt beweist die Macht des Glaubens, Positives Denken nutzt die Macht des Glaubens.
Beten und positives Denken sind in dieser Abhandlung ein und dasselbe. Genaugenommen ist praktiziertes positives Denken Beten. Die Liste meiner beantworteten Gebete ist lang. Und auch die Liste meiner nicht beantworteten Gebete ist nicht kurz. Genau aus diesem Grunde lebe ich die in diesem Büchlein beschriebenen Zusammenhänge mehr und mehr, gerade weil die unbeantworteten Gebete es uns ermöglichen, noch tiefer in unser spirituelles Wesen einzudringen und zu erkennen, dass wir die Meister unserer Umstände sind und bleiben - bewusst oder unbewusst.
Unsere Glaubenssätze sind die größten Herausforderungen und Segnungen unseres Lebens, und insbesondere die Glaubenssätze, die wir lieber nicht irgendwo in unserem Unterbewusstsein finden möchten, sind mittlerweile meine Freunde geworden, denn genau diese negativen Überzeugungen über uns selbst sind es, die uns immer näher an unser wahres Selbst und die universelle Wahrheit bringen.

Wir sind und bleiben die Meister unserer Umstände, so oder so. Es gibt nur ein Gesetz! Das werden die Leser dieses Buches erkennen. Wenn wir das wirklich verstanden haben, kehrt die Verantwortung dorthin zurück, wo sie hin gehört - nämlich zu uns selbst. Die Wahrheit ist und bleibt dieselbe bis in alle Ewigkeit: Das Lebensprinzip, das alles im Kosmos und in uns steuert, wird nur in und durch unser eigenes Bewusstsein kontaktiert; finden wir es auf diesem Wege nicht, so bleibt das Gesetz trotzdem in und durch uns wirksam. Es ist nun einmal so: Wir können dem universellen Gesetz des Geistes nicht ausweichen.

Als multireligiöse Person betrachte ich die Lehren sämtlicher Religionen und Mysterienschulen als äußerst interessant; so weiß ich die Lehren des Buddhismus ebenso zu schätzen wie die Lehre Jesu Christi. Dieses Büchlein mag auf einige von Ihnen wie eine Hommage auf Jesus von Nazareth wirken. Kein anderer hat meines Erachtens das Gesetz des Lebens so klar und deutlich formuliert und vorgelebt wie er. „Euch geschehe nach eurem Glauben" heißt es in den Evangelien. Das Gesetz des Lebens ist die Macht des Glaubens und Letzteres aktiviert das Gesetz der Anziehung.

Dieses Büchlein ist eine metaphysische Anleitung, die uns dabei helfen kann, die Funktionsweise und den Stellenwert unseres Geistes besser zu verstehen und kennen zu lernen; welchen ungeheuren Anteil unser Geist (unser Denken) an unserem Wohlergehen hat; und auf der anderen Seite, welchen maßgeblichen Anteil er selbstverständlich auch an unserem Leiden hat. Denn beides, unser Wohlergehen und unser Leiden, kommen aus ein und demselben Geist. Das, was wir hier auf Erden dauerhaft und bewusst manifestieren wollen, hängt einzig und allein von unserem Verständnis über die geistigen Zusammenhänge und somit von deren richtigen Gebrauch ab.

2009, als ich den zweiten Teil dieses Vorwortes erstmalig verfasste, war für mich persönlich eine Zeit der Geburt und des Todes. Innerhalb kürzester Zeit wurde ich als Vater geboren und mein irdischer Vater durch einen unerwarteten und frühen Tod in die nächste Dimension gerissen. Ich konnte mich nicht mehr von ihm verabschieden. So ist nun einmal der Lauf der Dinge! Geburt und Sterben liegen so nahe bei einander, dass man gar nicht in der Lage zu sein scheint, die Grenze zu erkennen. Warum also sollten wir noch länger darauf warten, das Leben zu leben, zu welchem wir bestimmt sind? Wir können immer nur im Hier und Jetzt handeln. Es gibt nur das eine ewige Jetzt!

Dieses Büchlein geht direkt in die Ursache aller Ursachen hinein, direkt an die so wichtige Erkenntnis; es ist sozusagen die Blaupause hinter der bewussten und erfolgreichen Lebensgestaltung. Ein Katalysator oder Quantensprung beim Praktizieren positiven Denkens. Nur ein klares Verständnis von der Ursache aller Ursachen löst einen wirklichen Wandel in unserer Seele aus.

Alle in diesem Büchlein beschriebenen Zusammenhänge ersetzen weder eine Psychotherapie noch einen Arztbesuch im Falle einer seelischen oder körperlichen Krankheit! Darüber hinaus können wir mit dem positiven Denken die Tragödien, die Dramen und die Schicksale des Lebens nicht wegdenken!

Christian Fülling im Juni 2015

Die Aussagen Jesu

„...Philippus sagte zu ihm: „Zeige uns den Vater! Mehr brauchen wir nicht." Jesus antwortete: „Nun bin ich so lange mit euch zusammen gewesen, Philippus, und du kennst mich immer noch nicht? Jeder, der mich gesehen hat, hat den Vater gesehen. Wie kannst du dann sagen „Zeige uns den Vater"? Glaubst du nicht, dass du in mir dem Vater begegnest? Was ich zu euch gesprochen habe, das stammt nicht von mir. Der Vater, der immer in mir ist, vollbringt durch mich seine Taten. Glaubt mir: ich lebe im Vater und der Vater in mir. Wenn ihr mir nicht auf mein Wort hin glaubt, dann glaubt mir wegen dieser Taten. Ich versichere euch: Jeder, der mir vertraut, wird auch die Taten vollbringen, die ich tue. Ja, seine Taten werden meine noch übertreffen, denn ich gehe zum Vater. Dann werde ich alles tun, worum ihr bittet, wenn ihr euch dabei auf mich beruft. So wird durch den Sohn die Herrlichkeit des Vaters sichtbar werden. Wenn ihr euch auf mich beruft, werde ich euch jede Bitte erfüllen." **(Johannes, 14.8 – 14)**

„Aber wenn ihr betet, dann sollt ihr euren Mitmenschen verzeihen, falls ihr etwas gegen sie habt, damit euer Vater im Himmel euch eure Verfehlungen auch vergibt." **(Markus, 11.25)**

Quelle: Die BIBEL, Die gute Nachricht im heutigen Deutsch - Deutsche Bibelgesellschaft Stuttgart, 1982. Alle Bibelzitate dieser Abhandlung sind der oben genannten Bibel entnommen. Alle anderen werden dementsprechend gekennzeichnet.

Kapitel Eins - Die Grundlage

Bevor ich die genannten Bibelstellen Satz für Satz metaphysisch im Sinne der Neugeistbewegung interpretieren werde, möchte ich Ihnen, liebe Leser und Leserinnen, einen kleinen Einblick in meine Person gewähren. Ich bin der Besitzer eines Wirtschafts-Diploms in Betriebswirtschaft, eines niederländischen Bachelor Degrees in Business Economics und eines Kaufmannsgehilfenbriefes. Basierend darauf besitze ich umfangreiche nationale und internationale Berufserfahrungen im Handel und Vertrieb. Des Weiteren habe ich in New York Schauspiel studiert und bin psychotherapeutischer Heilpraktiker mit entsprechenden Zusatzqualifikationen - beides ebenfalls mit mehrjährigen Berufserfahrungen.
Sicherlich fragen Sie sich jetzt - was will mir ein Betriebswirt, Schauspieler und Heilpraktiker über die Aussagen Jesu Christi erzählen? Wie kann das sein, dass da irgend so ein selbsternannter Philosoph herkommt und mir etwas über die Bibel erzählt? Hat er denn wenigstens ein Diplom in Religionswissenschaften oder Theologie? Mit anderen Worten, Sie suchen sichtbare Beweise meiner Kompetenz?
Die nächsten Seiten sind all den Seelen gewidmet, die intuitiv spüren, dass hinter jeder sichtbaren Form eine mit unseren physischen Augen nicht zu sehende Ursache verborgen liegt. Die Forderung nach sichtbaren Beweisen ist letztendlich der Beweis und die Essenz des Misstrauens an sich. In der Bibel und insbesondere in den Evangelien geht es aber fast ausschließlich um das Vertrauen, was ein innerer, geistiger Prozess ist. Und Vertrauen wiederum ist die Basis positiven Denkens. Dieses Büchlein ist eine geistige Reise - nicht mehr und nicht weniger. Zugegeben, vor einigen Jahren hätte ich den Inhalt dieser Abhandlung noch mit einem zynischen Auge belächelt und nicht nachvollziehen wollen und können.
In diesem Büchlein geht es primär um die geistige und mentale und nicht um die materielle Welt. Darüber hinaus kann ich das auf den kommenden Seiten Niedergeschriebene nicht direkt beweisen. Es gibt nur eine einzige Möglichkeit, einen sichtbaren Beweis zu erhalten: wir müssen das in diesem Büchlein Niedergeschriebene in unserem Leben umsetzen und anwen-

den. Wir müssen es ausprobieren. Denn nur durch die damit gewonnene persönliche Erfahrung wächst unsere Erkenntnis. Ein metaphysisches Buch nur zu lesen genügt nicht. Disziplin in der Anwendung der Zusammenhänge ist der Schlüssel zum Erfolg. Also noch einmal: Erst wenn sich für uns aus der Umsetzung des Gelesenen Erfolge ergeben, erst dann haben wir unsere Beweise.

Zusätzlich zu meinen oben erwähnten sichtbaren Kompetenzen besitze ich auch unsichtbare Kompetenzen. Ein Wissen, welches ich mir durch jahrelanges Praktizieren autodidaktisch angeeignet habe. Ein Wissen, das nicht auf didaktische Lernprogramme bestimmter Institutionen zurückzuführen ist, sondern ein Wissen, das sich aus meinen Fragen ergeben hat. Ein Wissen, das die Antwort auf mein allererstes Gebet ist. Ich bin zutiefst davon überzeugt, dass Gebete nicht nur erhört sondern auch beantwortet werden. Das habe ich in meinem eigenen Leben und am eigenen Leibe immer wieder erfahren. Jesus formulierte es folgendermaßen: „Bittet, und ihr werdet bekommen! Sucht, und ihr werdet finden! Klopft an, und man wird euch öffnen!" (Matthäus 7.7)

Während meiner ersten fünfundzwanzig Lebensjahre war ich alles andere als eine Leseratte. Abgesehen von ein paar Romanen und dem Studium habe ich ungern gelesen. Darüber hinaus hatte ich weder an einen Gott geglaubt, noch war ich auf irgendeine Art und Weise spirituell interessiert, wenngleich ich katholisch getauft wurde. Meine Allgemeinbildung ließ ebenfalls zu Wünschen übrig. Gott, Jesus oder die Bibel haben mich nicht interessiert, ganz im Gegenteil. Als meine Eltern - ich weiß nicht mehr genau, wann das war - mich fragten, ob ich an einen Gott glaube, antwortete ich: „Gott! Wollt ihr mich veräppeln? Zeigt mir Gott, dann glaube ich an ihn!" Meine Eltern waren natürlich überfordert, weil sie mir Gott nicht zeigen konnten. Sie hatten Gott weder gesehen noch erfahren.

So lebte ich eine wilde Jugend, feierte viele Stunden in dunklen Clubs, interessierte mich nicht für die Schule, verbrachte unzählige Zeiten mit meiner „Gang" im Zentrum Dortmunds und baute auch einige derbe Jugendstreiche. Im Alter von vierzehn Jahren bekam ich eine schwere Neurodermitis und ein Dutzend Allergien; im Alter von sechszehn hatte ich bereits insgesamt zehnmal im Krankenhaus gelegen; im Alter von fünfundzwanzig Jahren fiel ich erstmals in eine anhaltende depressive Verstimmung. Ich kam auf nichts mehr klar. Mit meinen Eltern verstand ich mich zu diesem Zeitpunkt überhaupt nicht. Meine einzige und über alles geliebte Oma hatte mittlerweile Krebsmetastasen im ganzen Körper. Mir wurde bewusst, dass nicht nur meine wilde Lebensart, sondern auch und insbesondere die seit Jahrzehnten aufrechterhaltene disharmonische und destruktive Ehe meiner Eltern sich in Form von anhaltender Konzentrationsschwäche, Nervosität und anderen unangenehmen psychischen und physischen Symptomen in meinem Leben manifestiert hatten. Ich hatte keinen Halt. Niemanden, mit dem ich reden konnte. Außerdem wusste ich auch nicht, was genau mit mir nicht stimmte, so verwirrt war ich. Meine damaligen Freunde waren mit sich selbst mehr als genug beschäftigt. Ich fiel in ein tiefes seelisches Loch. Mein Leben, besonders mein geistig-seelisches Leben, war zu jenem Zeitpunkt alles andere als gesund. Ich möchte an dieser Stelle auf weitere Details verzichten, da sie den Rahmen dieses Buches sprengen würden. Wichtig festzuhalten ist, dass ich heute schon lange nicht mehr mit dem Menschen, der ich damals war, zu vergleichen bin. Ich habe eine positive Wandlung durchgemacht; das positive Ergebnis meines allerersten Gebetes. (*Anmerkung: Ich habe mit dem positiven Denken einen langjährigen Prozess hinter mir, der von etlichen Hochs und Tiefs begleitet wurde. Tiefs, weil ich immer wieder mit meinen unterbewussten destruktiven Glaubenssätzen und den negativen Überzeugungen meiner Umwelt konfrontiert wurde, die so übermächtig erschienen. Zeitweise wollte ich sogar alle gewonnen Erkenntnisse über Bord werfen. Hochs, weil ich auf der anderen Seite immer wieder Zeuge wurde, dass das bewusste positive Denken zweifellos funktioniert! Allerdings war mir viele Jahre nicht bewusst, dass ich unter schwerwiegenden Traumata litt, die von meinen Kindheitserfahrungen herrührten. Tatsächlich glaubte ich, meine psychischen Probleme allein durch positives Denken heilen zu können. Heute weiß ich: Wir können einschneidende traumatische Erfahrungen nicht allein mit praktiziertem positiven Denken heilen! Wir müssen eine professionelle Therapie machen, die ich dann im fortgeschrittenen Alter auch gemacht hatte - ein Segen! Aber: Das positive Denken hat mir immer wieder Kraft gegeben, weiterzumachen und nicht aufzugeben. Und ich habe viele tolle Dinge manifestiert, während ich traumatisiert durch die Welt lief.)*

Wenngleich ich äußerlich ein „ordentlicher Bürger" zu sein schien, immerhin studierte ich an einer ausländischen Hochschule und strebte eine erfolgreiche Karriere im internationalen Management an, so war ich innerlich ein Nervenwrack - durch und durch nervös und unsicher. Ich war überhaupt nicht in der Lage, mich zu konzentrieren. Ich hatte weder Selbstvertrauen noch ein gutes Selbstwertgefühl. Ich spielte die ganze Zeit eine gesellschaftliche Rolle, die ich weder war noch ewig aufrecht erhalten konnte. Und genau dieses innerliche verwirrte und zum Teil wertlose Gefühl mir selbst gegenüber stellt aus heutiger Sicht den wichtigsten Ausgangspunkt meines weiteren Lebens dar.

„Enttäuscht wird keiner, der auf dich hofft" (Psalm 25.3). Nach einer von vielen Streitereien mit meiner Mutter und auch anderen Problemen, bekam ich 1994 - im Alter von fünfundzwanzig Jahren - meine bis dahin am schlimmsten empfundene Depression. Völlig hilflos und körperlich ausgelaugt sprach ich (Atheist!) wie von fremder Hand geleitet folgende Worte: „Lieber Gott, wenn es dich doch geben sollte, dann hilf mir bitte. Ich kann nicht mehr!" Danach fiel ich in einen tiefen Schlaf.

Am darauffolgenden Morgen machte ich mich auf den Weg zu meinem damaligen Arbeitsplatz in Düsseldorf. Für ein paar Monate fuhr ich jeden Tag mit der Deutschen Bahn von Dortmund nach Düsseldorf. An diesem besagten Tag - mein Gebet hatte ich bereits vergessen - durchkreuzte ich wie stets am Ende des Arbeitstages den Düsseldorfer Hauptbahnhof. Und wie aus dem Nichts drängte mich auf einmal ein starkes und unbekanntes Gefühl in einen kleinen Buchladen im Hauptbahnhof. Heute weiß ich, dass das meine Intuition war, auf die ich zu einem späteren Zeitpunkt noch näher eingehen werde.

Ich und ein Buchladen, das war ungefähr so, wie ein Blinder, der sich bei einem Optiker eine Brille bestellt. Da stand ich nun in diesem kleinen unscheinbaren Bahnhofsbuchladen und vor mir ein Tisch mit verschiedenen Büchern für jeweils nur eine Deutsche Mark. Ich weiß nicht mehr, was in mir vorging, ich fing jedoch an, mich durch diese zusammenhangslosen Bücher hindurchzuwühlen, bis ich auf ein Buch des großen Lehrers des positiven Denkens Dr. Joseph Murphy stieß. Nur eine DM und ein recht ansprechender Titel - „Die unendliche Quelle Ihrer Kraft – Ein Schlüsselbuch positiven Denkens". Zu jenem Zeitpunkt hatte ich weder von Joseph Murphy noch vom positiven Denken jemals etwas gehört.

Als ich daraufhin das Buch zu Ende gelesen hatte und mich mit dem Gedankengut einigermaßen anfreunden konnte, wurde mir endlich bewusst, was mit mir nicht stimmte. Alles, absolut alles stimmte mit mir nicht! Natürlich konnte ich rein äußerlich betrachtet in dieser Gesellschaft irgendwie bestehen, aber bei meinem Anliegen ging es nun einmal nicht um das Äußerliche. Ich war ganz eindeutig nicht Herr über meine Gedanken, Gefühle, Worte und Handlungen; und unweigerlich führte das zu den unangenehmen Lebensumständen, in denen ich mich immer wieder vorfand.

Seitdem habe ich annähernd zweihundert Bücher, teilweise selten existierende Werke in englischer Sprache studiert. Von der modernen Metaphysik hin zum mentalen und spirituellen Heilen; Parapsychologie und Psychologie, hermetische Philosophie, allgemeine Esoterik, Mentaltraining, westliche und östliche Weisheitslehren, christliche Psychologie, Kabbala, und so weiter und so fort. Aus meinem anfänglichen Anliegen, eine zufriedenstellende Lösung für meine seelischen und körperlichen Probleme zu finden, entwickelte sich ein begeistertes Hobby. Das Gebiet der Geistheilung ist und bleibt mein Interessenschwerpunkt.

Jedoch ist es im Leben so, dass alles erworbene Wissen nie ausreichen wird, alle kommenden Fragen zu beantworten. Je mehr wir zu wissen glauben, umso weniger wissen wir letztendlich. Je mehr wir wissen, umso stärker arbeitet unser Verstand. Ich kam an einen Punkt, an dem ich begriff, dass ich bis zum Ende meines Lebens weiterlernen und studieren kann, nur um dann letztendlich feststellen zu müssen, dass ich gar nicht gelebt habe. Alles Gelernte im Leben braucht einen Abschluss, damit es reifen, wachsen und in den täglichen Herausforderungen erfolgreich umgesetzt werden kann. Ich merkte, dass mein tiefgründiges Selbststudium zu einer Art Sucht geworden war.

Die Bibel sagt dazu folgendes: „Wissen und Erfahrung helfen einen Menschen mehr, als zehn Herrscher einer Stadt ihm helfen können. Aber kein Mensch auf Erden ist so erfahren, dass er immer richtig handelt und nie einen Fehler macht" (Kohelet 7.19-20). Und: „Wenn sich einer von euch nach den Maßstäben dieser Welt für weise hält, dann muss er erst einmal sein ganzes Wissen aufgeben, um wirklich weise zu werden. Was die Menschen für Tiefsinn halten, ist in den Augen Gottes Unsinn" (1 Korinther 3.18-19).

Angeregt durch meine Freundin Oxana hatte ich mir selbst ein „Diplom" ausgestellt, ganz nach dem Motto - Christian, es reicht. Du hast sehr viel gelernt und erkannt. Feier dich und dein Wissen, und lebe es! Seit einiger Zeit spürte ich nämlich, dass es nichts wirklich Neues dazu zu lernen gab; dass ich anfing, Bücher zu studieren, deren Grundgedanken ich durch das Lesen vorheriger Bücher bereits begriffen hatte. Der anfängliche und auch bewältigte Wunsch, aus meiner geistig-seelischen Verwirrung einigermaßen herauszukommen, führte mich auf einmal zu einer neuen Art der Verwirrung, weil ich ganz einfach durch all das angelesene Wissen zu voll wurde. Mein Verstand wurde schon wieder zu mächtig! Paracelsus wies bereits darauf hin, dass im Grunde genommen nichts wirklich tödlich oder gefährlich ist, dass es einzig und allein auf die Dosierung ankomme. Und das stimmt! Es ist dieser kleine Übergang vom Mittelmaß zur Maßlosigkeit, den ich fast verpasst hätte. Angelerntes Wissen und wichtige Erkenntnisse sind und bleiben tot, wenn sie nicht im täglichen Leben in die Tat umgesetzt werden. Die Praxis bestätigt grundsätzlich die Theorie!

Es macht mich heute sehr glücklich, dass ich erfahren durfte, welche komprimierten Wahrheiten in den Worten Jesu stecken. Alles und noch mehr, was ich psychospirituell studiert und erfahren hatte, bringt Jesus mit seiner Lehre auf den Punkt!

Bevor ich auf die Worte Jesu näher eingehe, möchte ich Sie noch wissen lassen, dass sich die kommende Interpretation nicht an eine strenge auf Dogmen und Regeln beruhende christliche Auslegung halten wird. Ganz im Gegenteil! Offenkundig scheint die Summe aller Religionen und Weisheitslehren zur Einheit zu führen, und nicht das starre Beharren auf der eigenen kleinen Lehre. Die täglichen Nachrichten beweisen das seit jeher. Jeder, der seine persönliche religiöse oder philosophische Ausrichtung als das Maß aller Dinge betrachtet, sei bei dieser Interpretation fehl am Platze. Es sei denn, er oder sie ist offen und aufnahmebereit für neue Ansichten.

Wissen – Glaube – Hingabe – Erkenntnis

Die Überschrift dieses ersten Kapitels lautet „Die Grundlage". Jedes Handeln beruht auf einer Grundlage - sei sie nun bewusst oder unbewusst -, die uns das Recht gibt, so zu handeln, wie wir nun einmal handeln. Alles steht und fällt mit der Qualität der Grundlage. Manhattan steht auf einer festen und soliden Grundlage, ansonsten könnten die gigantischen Wolkenkratzer unmöglich in solch einer Menge lange bestehen. Jedes Haus braucht ein gutes Fundament, einen festen Boden, eine ordentliche Grundlage, auf der es stehen kann. Baue ich mein Haus auf Sand, dann komme ich mir im Haus beschützt vor, aber ein einziger Sturm kann ausreichen, mich aus dieser Sicherheit herauszureißen.
In diesem Büchlein geht es um die Natur der Gebetserhörung beziehungsweise um das erfolgreiche positive Denken. Wenn ich mich nun auf solch ein geistiges Thema einlasse, dann sollte ich eine Grundlage haben, auf die sich meine Aussagen stützen, ansonsten wird meine Interpretation ein Wirrwarr. Meine Grundlage ergibt sich aus meiner persönlichen Definition von Wissen, Glaube, Hingabe und Erkenntnis.
Diese vier Begriffe müssen definiert werden, bevor ich es mir erlaube, die Worte Jesu zu interpretieren. Ich bin mir sicher, wenn ich zwanzig Menschen um eine Definition dieser vier Begriffe bitten würde, wahrscheinlich keine zwei das gleiche sagen würden. Das ist völlig in Ordnung, immerhin handelt es sich bei dieser Art der Interpretation um eine höchst subjektive Angelegenheit. Wenn man aber einen Text annähernd wissenschaftlich erläutern will, dann kommt man um gewisse Definitionen nicht herum, weil man ansonsten nicht nachvollziehen kann, was genau gemeint ist, wenn dieselben Begriffe immer wieder vorkommen.

Wissen beinhaltet alles, was wir uns mithilfe von Büchern, Studiengängen, Ausbildungen, etc. angeeignet haben. Wissen basiert immer auf etwas Geborgtem. Jemand kam auf einen bestimmten Zusammenhang, und wir eignen uns nun ein Wissen an - basierend auf dessen Erfahrungen. Wissen ist somit das Ergebnis eines rein intellektuellen Vorgangs. Es basiert nicht auf unseren selbst gemachten Erfahrungen. Wissen entsteht mithilfe unseres analytischen Verstandes.

Glaube, so wie ich den Begriff in dieser Abhandlung immer wieder gebrauchen werde, wird am schönsten in der Bibel definiert. Glaube und Vertrauen sind in dieser Abhandlung synonym zu betrachten; wenngleich Vertrauen zwischen Glaube und Hingabe anzusiedeln wäre.

„Gott vertrauen *(Glauben)* **heißt: sich verlassen auf das, was man hofft, und fest mit dem rechnen, was man nicht sehen kann."** (Hebräer 11.1)

Der Glaube ist also die feste Zuversicht auf das, was unsere fünf Sinne leugnen. Zum Beispiel die Zuversicht, dass wir geheilt werden, obwohl unsere fünf Sinne das Gegenteil erfahren. Der Glaube ist die feste Zuversicht, dass sich unsere Umstände ändern werden, obwohl die momentanen Ereignisse das Gegenteil beweisen. Der Glaube ist somit kein intellektueller Vorgang, weil er anfänglich nicht sichtbar gemacht werden kann. Wir können „Glauben" nicht in einem Buch lernen! Wir können uns nur mit dem Risiko darauf einlassen, dass es schief gehen könnte. Unser Verstand hat hier nichts mehr zu suchen. Wir erlauben ihm nicht, sich einzumischen.

Hingabe ist aktiver Glaube. In der Bibel heißt es, dass der Glaube ohne Taten tot ist. Um unseren Glauben leben zu können, müssen wir uns diesem Schritt, etwas zu glauben, das noch nicht mit unseren physischen Augen zu sehen ist, vollkommen hingeben.
Mit anderen Worten, die Hingabe ist gelebter Glaube. Wir setzen unseren Glauben in die Tat um. Wir bereiten uns auf die Erfüllung unseres Glaubens vor. Wir handeln so, als sei unser

Glaube bereits Realität. Wir haben unseren Verstand hinter uns gelassen. Wir verlassen den Bereich der fünf Sinne.

Erkenntnis ist die Wirkung, die sich aus unserer Hingabe ergeben kann. Wenn wir etwas wirklich glauben und uns diesem Glauben hundertprozentig hingeben, obgleich unsere Erfahrungen das Gegenteil behaupten, und wenn wir in diesem geistigen Zustand lange genug mit Geduld und Beharrlichkeit verharren und somit sich unser Glaube in unseren Erfahrungen manifestiert, dann gelangen wir zu einer Erkenntnis.

Eine Erkenntnis kann aber auch ohne aktiven Glauben eintreten. Man hört immer wieder von Menschen, die in einen erleuchteten Zustand geraten sind, nachdem sie beispielsweise eine schwere Tragödie erlebt hatten. Wenn uns andererseits etwas wie Schuppen von den Augen fällt, auch dann haben wir eine Erkenntnis.

Die Erkenntnis aber, von der ich hier rede, ist der subjektiv empfundene Beweis dafür, dass hinter der sichtbaren Welt eine unendlich viel größere unsichtbare und ursächliche Realität verborgen liegt.

In der Bibel heißt es dazu: „Weil wir Gott vertrauen *(Weil wir uns dem Glauben hingegeben haben)*, wissen wir: Die Welt ist durch sein Wort *(Die Umstände sind durch unsere Gedanken)* geschaffen worden; das Sichtbare ist aus dem Unsichtbaren entstanden" (Hebräer 11.3).

Diese Erkenntnis ist weder intellektuell noch spekulativ. Eine Erkenntnis kann das niemals sein. Sie ist eine mit Körper, Geist und Seele erfahrene Wahrheit, die man nicht mehr widerlegen kann. Sie ist eine Selbsterfahrung, sie ist nicht geborgt. Sie ist das, was sich hinter dem Verstand befindet, weil sie nur ohne dem Verstand wahrgenommen werden kann.

Es ist eine Erkenntnis und kein Wissen. Wenn wir diese Erkenntnis aber niederschreiben und andere sie lesen, dann eignen die anderen sich damit ein Wissen an. Somit schließt sich der Kreis.

Darüber hinaus werde ich hauptsächlich den Begriff Gott verwenden. Gott bedeutet allerdings dasselbe wie Leben, Unendlicher Geist, Schöpfer, Vater, Universelle Energie, Universeller

Geist, Höheres Selbst, Unendliche Weisheit, Schöpferprinzip, Universum, etc.

Alles, was die Gelehrten und Weisen aller Zeiten sagten und taten basierte auf Erkenntnis. Erkenntnis und Erleuchtung sind ein und dasselbe. Jesus, Buddha, Lao-Tse, Mohammed, Heraklit, Hermes, Shiva, Osho, Ernest Holmes, Phineas Parkhurst Quimby, Eckhart Tolle und viele andere große Meister alter und moderner Zeiten sind die Personifizierungen der Erkenntnis ein und derselben Wahrheit. Es gibt nur eine Wahrheit, einen Kern, und alle Religionen sind nichts weiter als unterschiedliche Ansätze, um diese eine Wahrheit für sich zu beanspruchen.

Es führen offensichtlich viele Wege nach Rom. Der eine beginnt im Punkt A, der andere im Punkt B, und so weiter. A und B sind die Weltreligionen, Geheim- und Weisheitslehren, die sich seit eh und je bekriegen, nur weil sie törichterweise ihr A oder ihr B für die einzige Wahrheit hielten. Ihr Fehler war und ist, dass sich ihre Auslegungen auf der Oberfläche bewegen, am Eingang zur eigentlichen Wahrheit. Sie sind nicht nach Rom, zum Kern aller As und Bs durchgedrungen.

Wenn wir uns nun auf jemanden wie Jesus von Nazareth einlassen, der in der Menschheitsgeschichte wie kein anderer „Wunder" vollbrachte, dann müssen wir diesen Menschen noch mehr als alle anderen als *die* Erkenntnis der absoluten Wahrheit betrachten.

Traue keinem Heiler, der selbst krank ist! Jesus heilte unzählige Menschen körperlich und somit auch seelisch, und umgekehrt. Er vollbrachte ein Wunder nach dem anderen, ließ Tote auferstehen und hat seinen Tod besiegt. Mit anderen Worten, ein „einfacher Zimmermann" setzte mithilfe seiner *Totalen Erkenntnis* alle naturwissenschaftlichen Gesetze außer Kraft. Und es steht nirgends geschrieben, dass Jesus jemals ernstlich erkrankt war. Wie machte er das bloß? Und was bedeuten seine Versprechen für uns normal Sterbliche?

Die Antwort darauf werden wir finden, ob Sie es glauben oder nicht. Bevor wir das aber tun, muss ich noch einen bereits angesprochenen Punkt zu Ende erläutern, den Punkt meiner Kompetenz. Damit wir uns nicht missverstehen, ich habe mir

lediglich durch Bücher ein Wissen angeeignet, welches mich durch meine natürliche gefühlsmäßige Reaktion darauf zu bestimmten körperlichen und seelischen Erfahrungen führte. Diese Erfahrungen waren Grund genug für mich, an etwas zu glauben. Ich gab mich dem Glauben hin, was zu positiven Resultaten führte. Diese positiven und wichtigen Resultate führten mich somit automatisch zu meinen Erkenntnissen.
Die Erkenntnis an sich aber ist die Summe unendlich vieler Erkenntnisse. Jesus hatte *Die Totale Erkenntnis*! Er ist offensichtlich durch alle Tore gleichzeitig gegangen. Das bedeutet Totale Hingabe, und er ist somit an seinen Kern angekommen, an seine Goldene Mitte. Aus dieser Mitte heraus lebte, dachte, sprach und handelte Jesus. Ein geistiger Zustand, den ich mir kaum vorstellen kann, und trotzdem hat dieser Mensch uns ein Versprechen mitgegeben, nämlich, dass wir dasselbe vollbringen können, wie er.

Kapitel Zwei - Die Technik

Einleitung

„...Philippus sagte zu ihm: „Zeige uns den Vater! Mehr brauchen wir nicht."

Dieser Abschnitt der Bibel, den wir jetzt genauer unter die Lupe nehmen werden, ist für mich persönlich die ergreifendste aller mir bekannten Passagen. (*Anmerkung: Ich habe es bis heute nicht geschafft, die Bibel vom Anfang bis zum Ende zu lesen. Stattdessen habe ich mehrere Bücher – u.a. alle Evangelien und die Bücher Paulus - teilweise wiederholt gelesen.*) Diese Passage hier ist die kürzeste Zusammenfassung des Weltbilds Jesu Christi und zugleich ein wunderbares Fundament, auf dem wir unseren Glauben, unsere Zuversicht beim positiven Denken errichten können. Sie bildet eine solide Grundlage für die erfolgreiche Gebetserhörung. Alle Bücher der Bibel scheinen wunderbares Material zu sein, und es ist mit hundertprozentiger Sicherheit für jeden Suchenden etwas mit dabei. Ich besitze eine kleine Sammlung an Bibelzitaten. Die Antwort Jesu auf Philippus Frage im Johannes Evangelium ist und bleibt für mich die effektivste und schönste zugleich.
Philippus war wie alle anderen Jünger ein „einfacher Mann". Er war kein Schriftgelehrter, kein Heiliger, kein König und auch kein gebildeter Mann. Er war ein einfacher Hirte. Er war ein Mensch wie Sie und ich. Dieser Philippus könnte im heutigen Zeitalter der freundliche Müllmann sein, den wir aus unserer Nachbarschaft kennen. Oder unser Lieblingsbriefträger! Aber sicherlich nicht der geldgierige und machthungrige Vorstandschef irgendeiner großen Bank, oder irgendein nach Anerkennung besessener Politiker. Der Geist, der voll ist mit selbstsüchtigen Zielen und Idealen und sich mit ihnen zu einhundert Prozent identifiziert, kann unmöglich einen Menschen wie Jesus erkennen. Nein, hier handelt es sich um gewöhnliche, normale Menschen, die Jesus gefolgt sind und sich seiner Erkenntnis ergaben, so wie sich ein Kampfsportschüler von sei-

nem selbstsüchtigen Begehren befreien und sich seinem Meister hingeben muss.
Philippus repräsentiert mehr oder weniger die Menschheit im Allgemeinen, nicht irgendeine Gruppierung, sondern alle Menschen. Philippus steht auch für den kollektiven Geist der Menschheit, in dem wir uns alle befinden. Auf den kollektiven menschlichen Geist gehen wir zu einem späteren Zeitpunkt näher ein.
Als ein Jünger Jesu ist er sich natürlich über Jesus Heilerfolge bewusst, und er scheint zu glauben, dass Jesus der versprochene Erlöser ist. Aber sein Glaube ist schwach, trotz der Offensichtlichkeiten! Er will den absoluten Beweis. Sein Verstand verlangt nach einer logischen Erklärung. Eine Verhaltensweise, die nur zu typisch für den kollektiven menschlichen Geist ist und letztendlich auf Angst und Unsicherheit zurückzuführen ist. Wollen wir nicht immer für alles Behauptete den entsprechenden Beweis mitgeliefert bekommen? Es scheint unmöglich zu sein, einem Menschen, der sich beispielsweise noch nie mit geistiger Heilung auseinandergesetzt hat, verständlich zu machen, dass man mit eigenen Augen gesehen hat, wie gelähmte Menschen durch ihren Glauben geheilt wurden; dass es tatsächlich Tausende von Berichte über Heilungen sogenannter „unheilbarer Krankheiten" gibt. Der Repräsentant aller Menschen also, Philippus, will Gott sehen, auf den Jesus sich die ganze Zeit beruft.
„Zeige uns den Vater." Das Wort Vater ist ein wunderbarer Ausdruck für die Beziehung Jesus zu Gott. Er betete „Vater unser...". Damit stellte er ein für allemal klar, dass der Gott, der ihm seine Kraft gab, UNSER aller Vater ist! Meiner, Ihrer und der Ihrer Frau! Kann sich ein spiritueller Mensch etwas Schöneres vorstellen als diese Tatsache? Was Jesus mit „Vater unser..." sagt, ist, dass wir alle die Söhne und Töchter des Lebens sind und dass Jesus unser Bruder ist und Gott - das Leben - unser aller Vater und Mutter.
Diese Kraft und Macht und letztendlich Liebe, die Gott ausmachen, will Philippus auf einmal sehen. Philippus hat in der Tat noch nicht viel erkannt. Er ist immer noch mit seinem Verstand bei der Sache, welcher sich nur durch die fünf Sinne am Leben erhält. Gott aber fängt man dort an zu begreifen, wo unser ana-

lytischer Verstand aufhört. Jesus ist über die fünf Sinne schon lange hinweg und das versteht der Verstand nicht, das macht ihm Angst. Also lässt der Verstand den Menschen sagen: „Zeige uns den Vater, mehr brauchen wir nicht!" Wir Menschen, mehr brauchen wir nicht! Zeige uns nur den Vater, unseren Gott, den Schöpfer des Universums. Zeige ihn uns blinden Menschen! Das ist es, was Philippus eigentlich sagt. Die zwölf Jünger standen direkt vor ihm! Vor dem Menschen, der Blinde sehend machte und fragten ihn nach unserem Vater! Zeige uns Gott, erst dann glauben wir dir!

Jesus antwortete: „Nun bin ich so lange mit euch zusammengewesen, Philippus, und du kennst mich immer noch nicht?"

Hier gibt der Meister seinen Schülern eine nur allzu menschliche Antwort, die einen winzigen Anteil der Hoffnungslosigkeit in sich trägt. Die Hoffnungslosigkeit eines Erleuchteten, der das Unsichtbare dem vom Sichtbaren abhängigen Verstand des Menschen deutlich machen muss. Ein anscheinend unmögliches Unterfangen.
Die uralte jüdische Lehre Kabbalah sagt, dass die Materie - so wie wir sie kennen und wahrnehmen -, also die physische Welt, in der wir leben, nur einen Prozent der gesamten Schöpfung ausmacht; dass die restlichen neunundneunzig Prozent „der Quell der dauerhaften Erfüllung (sind). Das gesamte Wissen, die Weisheit und die Freude wohnen in diesem Reich"; und dass wir durch den Vorhang unseres Verstandes dieses Reich, welches zu jeder Zeit in uns ist, nicht sehen und wahrnehmen und dementsprechend auch nicht fühlen können. Ein Erleuchteter hat es geschafft, diesen Vorhang zur Seite zu schieben und letztendlich vollkommen runter zu reißen. Jesus steht direkt vor seinen Jüngern und andererseits steht er auch nicht vor ihnen, weil Jesus spirituell gesehen immer noch mehr sieht als zum Beispiel Philippus.
Da die Zeit drängt und Jesus weiß, dass er in Kürze die alttestamentlichen Prophezeiungen hinsichtlich der Erlösungstat für uns Menschen erfüllen muss, fasst er sich mit den folgenden Aussagen kurz und bündig. Er sagt in wenigen Sätzen das, was

viele Weisheitslehren in Bände verfasst haben. Er fasst im wahrsten Sinne des Wortes in nur ein paar Sätzen das gesamte Fundament eines erleuchteten Bewusstseins zusammen.

„Jeder, der mich gesehen hat, hat den Vater gesehen. Wie kannst du dann sagen „Zeige uns den Vater"? Glaubst du nicht, dass du in mir dem Vater begegnest?"

Hier gibt uns Jesus einen ersten und deutlichen Hinweis darauf, dass er und sein Vater eins sind. Dass der Schöpfer und seine Schöpfung eins sind. Dass der Vater *in* ihm ist, dass der schöpferische Prozess *in* uns ist! Dass kein räumlicher, zeitlicher und geistiger Unterschied zwischen unserer materiellen Welt und der Welt Gottes besteht. Dass „Unser Vater" nicht nur unser Vater ist, sondern dass wir alle seine Kinder aus „seinem Fleisch und Blute sind", und dass wir Teile von und in diesem einen Gott sind, und dass diese Teile wiederum vom Göttlichen erfüllt sind. Jeder, der Jesus gesehen hat, hat den Vater gesehen. Jeder, der Jesus Worte hört, hört unseren Schöpfer.

Das erste Indiz, das Jesus uns hier gibt, ist, dass seine Macht zu heilen etwas mit seinem Verständnis von Einheit, von universeller Einheit zu tun hat - einer gefühlten Einheit mit dem Schöpfungsprinzip. Dass durch dieses Verständnis Gott sichtbar wird. Dass Gott automatisch daraus abgeleitet wird, dadurch entsteht. Wie sieht diese Einheit nun aus? Was ist sie, und warum sehen wir Normalsterbliche sie nicht?

Diese drei Sätze sind nur eine Einleitung! Sie sind eine gezielte Frage an den zweifelnden Verstand des Menschen! Oft sind Fragen das einzige Mittel, den Verstand des Erkrankten auf eine ihm nicht ersichtliche Tatsache hinzulenken. Jesus antwortet hier dem zweifelnden Verstand mit einer Frage, da er weiß, dass es nicht der wahre Philippus ist, den er das fragt, sondern den Verstand von Philippus. Er ist es, der den wahren Philippus in Knechtschaft hält. Deshalb spricht er mit der Frage gleichzeitig den Glauben an. Wir wissen ja jetzt, dass der Glaube der erste Schritt ist, uns vom besessenen Verstand zu lösen. Habe ich dir nicht genügend Beweise geliefert, glaubst du mir immer noch nicht? Wie kann ich das alles vollbringen, wenn Gott,

mein geliebter und unser aller Vater, unendlich weit weg hinter irgendwelchen Wolken lebt?
Da Jesus den menschlichen Verstand überbrücken muss, um unseren Schöpfer, die Quelle allen Lebens, sichtbar werden zu lassen, leitet er hier langsam sein Versprechen ein. Auf ein Versprechen reagiert unser Verstand weitaus gelassener und lässt eher mit sich verhandeln. Jesus benutzt hier eine Methode, die nur ein Erleuchteter benutzen kann. Er stellt eine gezielte Frage und spricht gleichzeitig unseren Glauben an. Bevor er sein Versprechen ausspricht, fasst Jesus die gesamte Basis seiner Erleuchtung in nur ein paar Sätzen zusammen.

Die Erkenntnis, die zur Einheit führt

„Was ich zu euch gesprochen habe, das stammt nicht von mir. Der Vater, der immer in mir ist, vollbringt durch mich seine Taten."

In diesen zwei einfachen Sätzen steckt der Schlüssel zu Jesus Macht. Die Macht, die es uns erlaubt, unsere Lebensumstände positiv zu beeinflussen. Diese beiden Sätze bilden die komplette Grundlage all seiner Wunder. Sie bilden die Essenz aller Wunder. Hier offenbart Jesus sich selbst und macht den Vater, das schöpferische Gesetz in uns, sichtbar. Wenn wir den Hintergrund dieser beiden einfachen Aussagen wirklich verstanden haben, dann besitzen wir bereits den Schlüssel zur Gebetserhörung beziehungsweise zum erfolgreichen positiven Denken. Um jedoch diese beiden Sätze in ihrem gesamten Umfang verstehen zu können, werden wir gleich einen großen Schlenker in die Tiefen der Esoterik machen müssen. Wir werden in die Zeit der Mystik und des Okkulten eindringen.
„Was ich zu euch gesprochen habe, das stammt nicht von mir." Unmissverständlich sagt hier Jesus, dass nicht er persönlich die Taten vollbringt. Er ist *nur* ein Kanal, durch den sich die eine Wahrheit offenbart. Wenn die Ursache nicht Jesus ist, die das tut, was Jesus tut, wer oder was ist dann die Ursache? Jesus liefert uns die Antwort sofort und unmittelbar. „Der Vater, der immer in mir ist, vollbringt durch mich seine Taten." Hier sagt

Jesus, dass Gott, unser aller Vater, *alles* tut. Wo ist aber dieser unser Gott zu finden, der alles für uns tut? Jesus sagt, dass Gott *in* ihm ist und zwar nicht nur an diesem einen Tag, sondern dass Gott *immer* in ihm ist.
Diese Aussage ist der unfehlbare Beweis dafür, dass das Schöpfungsprinzip des Universums *nur* in und durch unseren eigenen Geist in unserem eigenen Bewusstsein zu finden ist. Unser Bewusstsein ist der Vater, der immer in uns ist. Das heißt natürlich nicht, dass irgendein anderes Wesen aus Fleisch und Blut in unserem Körper wohnt.
Genau an dieser Stelle verlassen wir jetzt die materielle Welt und tauchen ein in die Welt des Inneren, des Geistes, des Bewusstseins. Jesus erklärt mit diesen beiden Sätzen ein für allemal, dass, wenn wir Gott finden wollen, wir uns nach innen wenden müssen. Etwas, das ganz eindeutig darauf zurückzuführen ist, dass Jesus sich in einem Zustand tiefer Meditation befindet. Genau an dieser Stelle treffen sich die westlichen und die östlichen Religionen. Ziel der Meditation, so wie sie der Osten lehrt, ist nicht das gedankliche Verharren auf irgendeinen Punkt, sondern ein geistiger Zustand, in dem wir nicht mehr denken, in dem wir unseren Verstand für eine gewisse Zeit abgeschaltet haben.
Wiederholt weist die Bibel darauf hin, dass Gott Geist ist. Dass es sich dabei natürlich nicht um ein Schlossgespenst handelt, dürfte jedem klar sein. Das Suchen und Finden Gottes sowie die Gebetserhörung sind somit ein rein geistiger Vorgang.

> **Gott, unser aller Vater, wohnt in uns. Wir leben im Schöpfer und der Schöpfer in uns.**

Dort in unserem Innern können wir uns mit ihm unterhalten und ihm unsere Anliegen übergeben. Aber wie müssen wir uns das jetzt vorstellen? Wenn Gott wirklich in unserem Geiste wohnt, warum spüren wir ihn dann nicht? Was hat Jesus begriffen? Was haben wir noch nicht erkannt?
An dieser Stelle haben bereits alle Suchenden einen Quantensprung gemacht! Wir wissen jetzt, dass wir unsere Aufmerksamkeit *nur* von der Außenwelt nach Innen lenken müssen, in unsere eigene geistige Welt. Was für ein Befreiungsschlag!

Gott, die Antwort auf unsere Gebete, wohnt in uns! Aber wo genau in uns ist er nun? Hier fängt unsere eigentliche Reise durch das Wesen der Gebetserhörung und das spirituelle Weltbild der Schule des positiven Denkens an.

Die Bibel betont immer wieder: Gott ist Geist! „Der Geist Gottes ... schenkt Leben und Frieden" (Römer 8.6). Jesus lehrt, Gott ist in unserem Geist, unserem Bewusstsein zu finden. „Wenn du beten willst, dann geh in dein Zimmer *(in dein Bewusstsein)*, schließ die Tür zu und bete zu deinem Vater *(dem schöpferischen Prinzip in uns)*, der im Verborgenem *(in deinem Bewusstsein)* ist" (Matthäus 6.6). Wenn der Schöpfer Geist ist, dann ergibt sich im Umkehrschluss daraus, dass etwas Geistiges auch nur etwas Geistiges gebären kann. Das hieße, die Schöpfung - unser Universum - ist letztendlich rein geistiger Natur. Dieser Gedankengang mag die Intelligenz materialistisch orientierter Menschen beleidigen.

Deshalb ist es an dieser Stelle von unermesslicher Wichtigkeit, unsere Imagination einzusetzen. Die Imagination ist nämlich die Werkstatt Gottes. Die moderne Physik hat bereits vor Jahren nachgewiesen, dass die Materie, so wie wir sie kennen und wahrnehmen, eigentlich nicht existiert, da alles objektiv Erscheinende das Resultat energetischer Schwingungen ist. Während die Physik früher verstand, dass unser Universum aus fester Materie besteht, versteht sie heute, dass unser Universum aus Energie besteht. Der Laptop, auf dem ich gerade diese Worte schreibe, scheint eine feste und ruhige objektive Größe zu sein. Wenn wir uns nun gedanklich auf die Ebene der Atome begeben, dann erkennen wir allerdings, dass der Laptop alles andere als eine ruhige und feste Größe ist. Wenn wir uns gedanklich auf eine Ebene begeben, in der wir ein winziges bisschen kleiner sind als die Atome, dann können wir sozusagen durch meinen Laptop hindurchfliegen, weil der Abstand der Atome zueinender, welche den Laptop ausmachen, in Relation zum Universum so groß ist, wie die Abstände der einzelnen Sonnensysteme. Um diese Atome herum kreisen die Elektronen mit einer für uns unvorstellbaren Geschwindigkeit, ähnlich wie die Planeten unseres Sonnensystems mit einer unvorstellbaren Geschwindigkeit um unsere Sonne kreisen. *(Anmerkung: Wussten Sie, dass unsere Erde mit einer Geschwindigkeit von circa dreißig Kilometer pro Sekunde um unsere Sonne kreist?*) Wenn das nun so ist, dann ist somit mithilfe der Physik nachgewiesen worden, dass der ruhig wirkende Laptop letztendlich eine Art Illusion ist. Wenn alle Erscheinungen letztendlich durch Energie angetriebene, „tanzende" und schwingende Atome sind, die durch ihren Tanz eine bestimmte Formation oder Symbol ergeben - also eine Form annehmen -, dann ist die komplette Welt, so wie wir sie wahrnehmen, nur das Ergebnis einer anderen dahinterstehenden ursächlichen Größe.

Einstein hat mit seiner Relativitätstheorie diese Zusammenhänge mehr oder weniger physikalisch nachgewiesen: E = m mal c zum Quadrat. Materie und Energie sind nur die zwei Seiten ein und derselben Erscheinungsform! Was ist nun die dahinterstehende Ursache, welche die universelle Energie antreibt? Was steht hinter der Energie? Einstein gibt uns mit seiner Aussage „Ich will nur Gottes Gedanken kennen, alles andere sind Details" einen ersten wichtigen Ansatzpunkt.

Wenn wir uns nun gedanklich von der Ebene der Atome verabschieden und in die entgegengesetzte Richtung aufmachen, also in das Universum hinein, weit weg von unserer Erde, weit weg von unserem Sonnensystem und noch weiter weg, so dass wir unsere Milchstraße von Weitem aus betrachten können, dann machen wir die Erfahrung, dass alles im Universum ein fortwährender und sich nach vorne bewegender schöpferischer Prozess ist. Welten werden geboren, bleiben für eine gewisse Zeit bestehen und sterben letztendlich wieder, um aus den Überresten neue Welten hervorzubringen. Nichts ist von dauerhafter Größe, außer dem, das diesen Prozess auslöst und aufrecht erhält. Also, auch hier draußen im Weltall nehmen wir zur Kenntnis, dass es diesen ruhigen Zustand meines Laptops in Wirklichkeit nicht gibt. Alles - absolut alles - ist unaufhörlich in Bewegung, alles kommt und geht auch wieder. Nichts steht still! Geburt und Tod existieren Hand in Hand zur selben Zeit.

Wenn also etwas nicht von dauerhafter und gleichbleibender Größe ist, dann können wir auch nicht davon ausgehen, dass die Materie, in der wir uns befinden und aus der wir geformt sind (!), die eigentliche Realität ist. Wir existieren in einem dauerhaften Fluss, von dem wir ein Teil sind. Das hat Jesus

erkannt, indem er sagte, dass der universelle kreative Prozess, der immer in ihm ist, durch ihn seine Taten vollbringt. Er offenbarte nichts weiter, als dass die Größe, die hinter allen universellen Erscheinungsformen verborgen liegt, die Kraft und Macht, die unser Universum leitet und alle Laufbahnen der Planeten lenkt und mit der er sich geistig vereint hatte, die eigentliche Realität darstellt.
Nun schien Jesus eine persönliche Beziehung zu dieser Macht zu haben. Schließlich sprach er mit ihr und heilte mit ihrer Hilfe unzählig unheilbar Kranke. Den Gott, unseren Vater, welchen wir in unserem eigenen Geiste finden, zu dem können wir also auch noch eine persönliche Beziehung aufbauen. Wie soll das nun gehen?
Im Grunde genommen stehen alle Antworten zu diesen Fragen, die sich bis jetzt sinnvollerweise ergeben haben, in der Bibel. Leider sind sie für unser ungeschultes Auge zu kurz und zu bündig, um deren Tragweite und Ausmaß zu verstehen. Deshalb werden wir jetzt einen kleinen Abstecher in die Zeit vor Jesus Geburt machen, in eine Zeit, die viele Tausend Jahre zurückliegt, eine Zeit, von der nur noch Bruchstücke übrig geblieben sind.
Wir befinden uns im alten Ägypten vor ungefähr fünf Tausend Jahren. Dort lehrte der Mythologie zufolge ein Weiser, der bis heute unter dem Namen Hermes Trismegistus bekannt ist. Seine Lehren gelten als die Basis vieler okkulter und esoterischer Schulen. Hermes gilt als der eigentliche Vater der Astrologie, der (Al)Chemie und der Psychologie. In der ägyptischen Mythologie wird er unter dem Namen ‚Toth' und in der griechischen Mythologie unter dem Namen ‚Hermes' verehrt.
Aus seinen Lehren leitet sich die geheimnisumwitterte hermetische Philosophie ab. Diese Philosophie stützt sich auf sieben Prinzipien, die allesamt die Natur des Universums und das Verhältnis des Universums zum Individuum beschreiben. Innerhalb der Geheim- und Weisheitslehren bildet sie ein hervorragendes Fundament, die Einheit und den geistigen Aspekt Gottes zu verstehen.
Diese sieben Prinzipien werden in dem über einhundert Jahre altem Buch „Das Kybalion" näher erläutert, welches von den ‚Drei Eingeweihten' verfasst wurde. Hinter dem Synonym ‚Die

drei Eingeweihten' steht William W. Atkinson, einer der großen Pioniere der Neugeistbewegung. Seit ein paar Jahren gibt es dieses faszinierende Werk in deutscher Sprache.
Bei genauer Betrachtung decken sich die Aussagen Jesu mit den sieben Prinzipien und verleiten zu der Annahme, dass er sich der Existenz der hermetischen Philosophie bewusst gewesen sein und die Lehren dahinter als Wahrheit anerkannt haben muss. Das erste und zugleich wichtigste Prinzip, worauf sich alles Weitere aufbaut, ist das Prinzip der Mentalität oder das Prinzip der Geistigkeit.
Wie wir bereits festgestellt haben, ist das uns bekannte sichtbare Universum - also die Materie - reine Energie, welche sich durch bestimmte Schwingungsfrequenzen zu bestimmten Formen manifestiert. Nun sagt dieses erste hermetische Prinzip, dass unser Universum nichts anderes sein kann, als eine geistige beziehungsweise mentale Kreation *im* Geist unseres Schöpfers.

„Das Universum und alles, was es beinhaltet, ist eine mentale Kreation im Geist Gottes! Alles, absolut alles ist mental!" lesen wir im Kybalion.

Diese Aussage müsste jede Person, die sich mit diesem Gedankengut noch nie auseinandergesetzt hat, intellektuell überfordern. (*Anmerkung: Ich kann mich noch sehr gut daran erinnern, als ich 2001 – während meiner Schauspielausbildung in New York – das Kybalion studierte. Ich hatte es in der Buchhandlung meiner damaligen New Yorker neugeistlichen Kirche wiederentdeckt, gekauft und zum ersten Mal gelesen. Bereits ein paar Jahre zuvor hatte mich eine Dortmunder Bekannte auf das Buch aufmerksam gemacht. Offensichtlich war ich zu jenem Zeitpunkt noch nicht bereit und spirituell reif genug, die darin stehenden Wahrheiten vermittelt zu bekommen. Die Erkenntnis, dass unser Universum mental ist, war meine erste große und wahrhaftigste spirituelle Erfahrung, die ich je in meinem Leben gemacht habe. Für mehrere Minuten - ich kann heute nicht mehr einschätzen, wie lange genau - lag ich mit dem Buch in der Hand auf meinem Bett und habe die mentale Natur unseres Universums mit meinem ganzen Körper, meinem ganzen Geist und meiner ganzen Seele erfahren. Das war der blanke Wahnsinn – im positiven Sinne. Der Glaube an die feste Struktur meines Körpers löste sich wahrhaftig auf, und ich spürte erstmalig die mentale Natur meiner Organe, Gewebe, Muskeln und Knochen! Und das ohne Drogen! Ich spürte, dass ich keine feste Größe bin. Ich spürte keinen Schmerz mehr, kein Gewicht und keine Grenze. Umso mehr freue ich mich heute, dass einige Quantenphysiker postulieren, dass unser Universum reines Bewusstsein sei.*

Liebe Leser und Leserinnen, Sie können sich sicherlich vorstellen, welch existenziellen Spagat diese Erfahrung ausgelöst hat. Aus Angst, für verrückt gehalten zu werden, teilte ich sie mit niemand. Auf der anderen Seite war die Erfahrung so toll, dass ich sie so gerne mit allen geteilt hätte.)

Alle weiteren Prinzipien dieser Philosophie decken sich mehr oder weniger mit dem aktuellen Stand der heutigen Wissenschaft – außer: das Prinzip der Mentalität! Die hermetische Philosophie argumentiert, dass das All - All ist das hermetische Wort für Gott - unendlich viele Universen in derselben Weise entstehen lässt, wie wir mit geschlossenen Augen ein mentales Bild von was auch immer entstehen lassen. Die Essenz unseres mentalen Bildes, welches wir nun mit unseren inneren Augen sehen können, deckt sich mit der Essenz und der Natur der mentalen Bilder, die Gott in seinem Geiste kreiert. Die hermetische Philosophie erklärt, dass es für Gott auch keine andere Möglichkeit zu kreieren geben kann. Wenn Gott der alleinige Schöpfer des Universums ist, wenn außerhalb von ihm nichts existiert, dann kann dieser eine Gott auch nur aus sich selbst heraus erschaffen, nämlich in Form geistiger Projektionen. Wir erinnern uns, dass Gott Geist ist und dieser Geist alles ist, was ist.

Mit diesem Wissen ist nun verständlich, warum alle großen Religionen von einem geistigen beziehungsweise spirituellen Universum reden. Unser Universum ist aus der absoluten Sicht Gottes betrachtet eine Art Traum, eine Art gewollte Illusion. Das deckt sich auch mit der uralten buddhistischen Lehre des Tantra. Tantra hat in erster Linie nichts mit Sex zu tun. Wenn uns das Weltbild hinter Tantra interessiert, dann begeben wir uns in einen riesigen Bereich feinster Philosophie und Psychologie. Alle sogenannten Lehrer und Bücher, die Tantra sofort mit und durch die Sexualität in Verbindung bringen, vor denen sollten wir uns hüten. Auch die Bhagavad Gita, die Bibel der Hindus und Upanischaden, hebt den geistigen Aspekt der Schöpfung immer wieder deutlich und auf wunderbare poetische Weise hervor. Zu wissen, zu glauben, sich hinzugeben und letztendlich zu erkennen, dass unser Universum mental ist, dass wir uns im Geist Gottes befinden, dass wir in Ihm existieren, ist das wichtigste Grundverständnis hinter der Geistheilung und dem positiven Denken.

Wenn nun unser Universum eine rein mentale Schöpfung ist, dann sind wir - wie oben bereits angedeutet - aus der absoluten Sicht Gottes betrachtet, das Ergebnis seiner Imagination. Die Imagination wiederrum bedient sich dem unendlichen Repertoire geistiger Symbole, die auch das Werkzeug unserer Träume sind. Es ist überhaupt nichts Anstößiges daran zu sagen, dass Gott uns träumt. Man könnte jedoch eher von einer Art bewusstem Traum reden, einer Meditation oder ähnlichem. Aus der relativen beziehungsweise unserer Sicht betrachtet ist für uns jedoch alles, was wir sehen und wahrnehmen, real. Wir träumen nicht, auch wenn wir Teil eines riesigen Traumes sind. *(Anmerkung: Wenn wir träumen, dann ist unsere Traumlandschaft genauso real, wie unsere Umwelt im Wachzustand. Wir laufen auf einer soliden Straße und wir stoßen uns den Kopf an einer Wand, und es schmerzt so, als sei die Traumwand eine reale, echte Wand. Wir klopfen im Traum mit unserer Hand auf einen Tisch, und unser physischer Körper nimmt dieses Klopfen so wahr, als würden wir tatsächlich auf einen realen Tisch klopfen. Das heißt, unser Körper kann zwischen Traum und Realität nicht unterscheiden! Das ist wahrscheinlich mit ein Grund, warum wir aufwachen, sobald wir im Traum sterben. Die wissenschaftliche Traumforschung ist sich einig: physiologisch betrachtet sind Traum und Realität eins.)*

Aus diesem Paradoxon muss sich letztendlich die Relativitätstheorie Einsteins ergeben haben: „Ich will nur Gottes Gedanken kennen, alles andere sind Details." Die Bibel formuliert es auch wunderschön: „Am Anfang war das Wort, und das Wort war bei Gott, und Gott war das Wort." (Johannes 1.1). Ein Wort ist ein ausgesprochener Gedanke. Am Anfang eines jeden schöpferischen Prozesses steht also der Gedanke. Die Wissenschaft ist bei der im Universum überall anwesenden Energie angekommen. Einige alte Weisheitslehren sagen aber, dass diese Energie das „Werkzeug" des universellen Geistes ist, durch das die universalen mentalen Bilder entstehen.

Liebe Leser und Leserinnen, bevor ich weiter auf die Wahrheit „Gott ist Geist" eingehe, möchte ich an dieser Stelle kurz anhalten und meine Gedanken mit Ihnen teilen. Während meiner spirituellen Reise bin ich erst recht spät auf die Aussagen des Kybalions gestoßen. Vielleicht war das auch gut so. Die Vorstellung, dass unser Universum rein mentaler Natur ist, wäre anfangs für mich unmöglich gewesen, nachzuvollziehen. Und trotzdem hatte mir das Prinzip der Mentalität fast alle noch offenen Fragen auf einen Schlag beantwortet! Es ist für einen Menschen, der sich mit dieser Thematik noch nie beschäftigt hat, eine intellektuelle Überforderung, das Prinzip der Geistigkeit in seinem vollen Umfang zu begreifen. Mein Ziel ist es nun ganz und gar nicht, uns zu überfordern. Aber nicht nur in der Bibel steht geschrieben, dass Gott Geist ist, dass unser Schöpfer geistig arbeitet, dass unser Universum spiritueller Natur ist. Sollten Sie nun zu den Lesern gehören, die sich solche Gedanken noch nie gemacht haben, dann lassen Sie sich einfach auf die Thematik, ohne voreilige Schlüsse zu ziehen, ein. Setzten Sie sich mit ins geistige Flugzeug und lassen uns gemeinsam durch das Reich des Geistes fliegen. Wir alle werden am Ende definitiv mit neuen und äußerst wichtigen Erkenntnissen sicher landen. Ich kann und darf diesen wichtigsten aller Aspekte nicht auslassen, da er die Grundlage der geistigen Welt und somit ein richtiges Verständnis für das Wesen der Gebetserhörung bildet.

Auf den kommenden Seiten werde ich nun mithilfe der modernen Metaphysik, so wie sie in der Neugeistbewegung gelehrt wird, näher darauf eingehen, wie dieser eine Geist „arbeitet". Wie die nimmerendende Schöpfung in ihm letztendlich abläuft. Wir werden uns zuerst mit dem Universellen Aspekt beschäftigen. Das Wort „Universell" steht für „aus der Sicht Gottes" oder aus der Sicht des Absoluten. Danach werden wir sehen, dass unser menschlicher Geist nach demselben Prinzip funktioniert. Wir beschäftigen uns dann also mit dem individuellen

Aspekt. Das Wort „Individuell" steht für „aus der Sicht des Menschen" oder aus der Sicht eines Teiles des Universellen. Wir werden sehen, dass das Individuelle ein Teil des Universellen ist, so wie die Welle im Ozean ein Teil ein und desselben Ozeans ist.

Die moderne Metaphysik der Neugeistbewegung, insbesondere das Buch „The Science of Mind" (*Anmerkung: Nicht zu verwechseln mit ‚Scientology'!*) von Dr. Ernest Holmes (1887-1960), dem Begründer der Kirche der Religiösen Wissenschaft - eine der drei Säulen der Neugeistbewegung - führt diesen Gedanken weiter aus und beschreibt auf Grundlage der Dreifaltigkeit Gottes die Beziehung zwischen Gott und Mensch. Für dieses einzigartige Werk erhielt Ernest Holmes achtundzwanzig Ehrendoktorate aus aller Welt.

„Die Wissenschaft vom Geist" beschreibt, dass, wenn unser Universum in erster Linie ein spiritueller beziehungsweise ein mentaler Kosmos ist, Gott nun ein „Wesen" sein muss, welches durch einen „Akt des Willens" einen „Wunsch" oder „Gedanken" in seinen Geist - der alles ist, was ist - hineinprojiziert und somit das mentale Bild unseres Universums entstehen lässt. Dieser Vorgang, etwas in den universellen Geist hineinzuprojizieren, wird bis zu dem Moment, in dem das geistige Bild anfängt, zu entstehen, Involution genannt. Sobald das geistige Bild entstanden ist, beginnt der Prozess der Evolution, der Weg zurück in den ursprünglichen Zustand Gottes - vor seiner Projektion beziehungsweise Meditation. Somit ist in der modernen Metaphysik unser denkender intelligenter Geist nicht das Ergebnis der Evolution, sondern die Evolution ist das Ergebnis einer denkenden beziehungsweise meditierenden universellen Intelligenz.

Ausgehend von der Dreifaltigkeit Gottes („Im Namen des Vaters, des Sohnes und des Heiligen Geistes") beschreibt die „Wissenschaft vom Geist" diesen einen Schöpfungsprozess wie folgt: Sie definiert das All, diesen einen „denkenden" universellen Geist Gottes, als den Universellen Objektiven Geist oder das Universelle Bewusstsein. Dieser Universelle Objektive Geist projiziert eine „Idee" in seinen Geist, da ja nichts außerhalb seines Geistes existiert. Das Gesetz, welches diese Idee als

Bild in seinem universellen Geiste manifestiert, wird Universeller Subjektiver Geist oder Universelles Unterbewusstsein genannt. Das entstandene mentale Bild ist das Universum, das auch als der Körper Gottes umschrieben wird. Wir dürfen allerdings nicht vergessen, dass der Universelle Objektive Geist, der Universelle Subjektive Geist und das Universum letztendlich ein und dasselbe sind. „Am Anfang war das Wort, und das Wort war bei Gott, und das Wort war Gott" (Johannes 1.1). Der gesamte mentale Schöpfungsprozess, inklusive der mentalen Schöpfung, findet in ein und demselben universellen Geist statt. Zur besseren Veranschaulichung wird in der modernen Metaphysik dieser eine Geist oder Schöpfungsprozess in drei Teilbereiche - oder Bewusstseinsebenen - aufgeteilt (siehe Abbildung unten). In der christlichen Religion wird ja auch der eine Gott in Vater, Sohn und Heiliger Geist aufgeteilt. Alles ist aber ein und dasselbe.

In der Bibel heißt es: Gott hat den Menschen nach seinem Bild geschaffen. Daraus leitet sich in der „Wissenschaft vom Geist" logischerweise ab, dass derselbe kreative Prozess, der das Universum entstehen lässt und aufrecht erhält, ebenfalls in uns Menschen vorhanden ist. Wir sind eine „Miniaturform" Gottes! Ein Gedanke Gottes. Alles im Geist Gottes Existierende muss selbstverständlich auch mit denselben göttlichen Eigenschaften ausgestattet sein. Alles andere würde zu einem Chaos führen. Wir lebten dann in einem Chaos und nicht in einem Kosmos. Das heißt im Umkehrschluss: unser denkender bewusster Verstand ist unser Individueller Objektiver Geist beziehungsweise unser Individuelles Bewusstsein. Unser Unterbewusstsein ist unser Individueller Subjektiver Geist. Und unser Körper und unsere Umstände - unsere Umstände sind unser erweiterter Körper - stellen unser individuelles Universum dar.

Die Beziehung zwischen Universum und Mensch

Auf der bewussten Ebene sind wir eins mit dem Bewusstsein Gottes. Auf der unterbewussten Ebene sind wir eins mit dem Unterbewusstsein Gottes, und auf der körperlichen Ebene sind wir eins mit dem Universum, das auch der Körper Gottes genannt wird.

<u>SCHÖPFUNGSPROZESS IN GOTT</u>
1. Universeller Objektiver Geist = Universelles Bewusstsein = Gott = **Vater**
+/=
2. Universeller Subjektiver Geist = Universelles Unterbewusstsein = Das Gesetz = **Heiliger Geist**
+ / =
3. Universelle Materie = Körper Gottes = **Sohn**

+ / =

<u>SCHÖPFUNGSPROZESS IM MENSCHEN</u>
1. Individueller objektiver Geist = Individuelles Bewusstsein = **Geist**
+/=
2. Individueller Subjektiver Geist = Individuelles Unterbewusstsein = **Seele**
+/=
3. Materie = Umstände = **Körper**

Zusammen: **EINHEIT**

Diese Abbildung beschreibt die Einheit des Geistes - die Dreifaltigkeit des Geistes. In der metaphysischen Literatur wird diese Einheit meist durch einen geschlossenen Kreis symbolisiert, *in* dem die Dreifaltigkeit beschrieben wird. In der allgemeinen Esoterik steht der geschlossene Kreis für Einheit.
Die Abbildung veranschaulicht die Beziehung zwischen Gott und seiner Schöpfung. Sie beschreibt, dass der kreative Prozess des Universums auch in uns Menschen vorhanden ist. Die Punkte Eins bis Drei beim Menschen und die Punkte Eins bis

Drei bei Gott sind eins. Körper, Geist und Seele sind Sohn, Vater und Heiliger Geist. Beides zusammen ergibt die universelle Einheit, die wahre Natur von Gott *und* seiner Schöpfung, beziehungsweise die wahre Natur von Gott *zu* seinen Menschen. Ob wir nun die beiden Pole Gott und Mensch addieren oder gleichsetzen ergibt in beiden Fällen die Einheit. Wir sind beides: im Traum Gottes und Teil Gottes. Wir sind seine Schöpfung und seine Schöpfung ist gleichzeitig Er. Alles in der einen Schöpfung muss von dem einen Schöpfer durchdrungen sein. Alles ist göttlich! Letztendlich können wir jeden geistigen Bereich *gleichzeitig* auf universeller und individueller Ebene wahrnehmen. Die Abbildung ist nur ein Versuch, die Einheit anschaulich darzustellen.

Alles hier Beschriebene ist der tiefere Sinn hinter der Dreifaltigkeit Gottes oder der Existenz. In diesem Wissen liegt Jesus Erkenntnis begründet, die ihn mit Gott in persönlichen Kontakt treten ließ. Dieser Gott ist letztendlich eine unendlich viel höher „denkende" Intelligenz, als wir sie auf der irdischen Skala der Intelligenz begreifen können, und dennoch sind wir Teil dieser universellen Intelligenz. Wir sind mit ihr mental verbunden. Dieser universelle Geist hat uns nun einmal geschaffen, und deshalb haben wir denselben kreativen Prozess in uns, allerdings nur als „endliche irdische" Wesen.

Dieser Gott, unser Schöpfer, „will" und „kann" mit uns Kontakt aufnehmen. Stellen wir uns den einfachen Prozess vor, in unserem Geiste einen Planeten, ein Paradies entstehen zu lassen mit lebenden Menschen, die wir die ganze Zeit mit unserem geistigen Auge beobachten können. Wir geben diesen Menschen einen eigenen Willen, und mit diesem Willen können unsere Schöpfungen sich nun entscheiden, uns, ihre Schöpfer, zu finden. Nun ist es doch ein Leichtes für uns, uns vorzustellen, wie wir unseren Menschen in unserem Geiste zuwinken, um mit ihnen Kontakt aufzunehmen... Selbstverständlich ist dieses Beispiel ein kindlicher Versuch, eine unendlich viel höher liegende Realität zu beschreiben. Die Bibel drückt diese Wahrheit mit folgendem Vers sehr schön aus: „Gebt Acht, ich stehe vor der Tür und klopfe an! Wenn jemand meine Stimme hört und die Tür öffnet, werde ich bei ihm einkehren. Ich werde mit ihm das Mahl halten und er mit mir." (Offenbarung, 3,20)

Nicht nur in der Parapsychologie ist immer wieder die Rede von der Beeinflussbarkeit unseres Unterbewusstseins. Versetzt uns jemand in Hypnose - vorausgesetzt, wir lassen das zu -, dann wird unser Unterbewusstsein alles umsetzen, was ihm einsuggeriert wird. „Die Wissenschaft vom Geist" lässt nun dieses Phänomen klarer dastehen. Wie wir bereits wissen gilt universell: Das Universelle Unterbewusstsein ist der Heilige Geist, der Diener Gottes beziehungsweise der Diener des Universellen Bewusstseins und führt als „Bauherr des Universums" alles eins zu eins aus, so wie es Gott „sieht" und „will".
Und genau dieser universelle Prozess der Schöpfung befindet sich auch in uns, als unser individueller Schöpfungsprozess. „Dann sagte Gott: „Nun wollen wir den Menschen machen, ein Wesen, das uns ähnlich ist".... „Gott schuf den Menschen nach seinem Bild *(nach seiner geistigen Projektion und ausgestattet mit seinen Eigenschaften)*." (Genesis, 1.26-27)
Die hermetische Philosophie lehrt uns: Wenn wir Teil eines „einzigen Systems" sind, dann müssen die Eigenschaften dieses „Systems" auch in uns vorhanden sein. Wie oben, so unten! Wie im Himmel, so auf Erden! Wie Innen, so Außen! Wie im Unsichtbaren, so im Sichtbaren! Unser Unterbewusstsein ist der Diener unseres Bewusstseins. Unser Unterbewusstsein führt als das Gesetz alles eins zu eins aus, was wir für wahr halten beziehungsweise glauben - was wir durch unser gewohnheitsmäßiges Denken in es hineinprojizieren, ob bewusst oder unbewusst. Ebenfalls kontrolliert es die physischen Abläufe unseres Körpers, genauso, wie das universelle Unterbewusstsein die Abläufe im Kosmos kontrolliert und aufrecht erhält.
Im Zustand der Hypnose ist unser Bewusstsein weitestgehend ausgeschaltet, und unser Unterbewusstsein steht mehr oder weniger den Fremdsuggestionen des Hypnotiseurs frei zur Verfügung. Unser Unterbewusstsein kann nicht abwägen. Das würde seiner Natur widersprechen, da es ja ein individualisierter Punkt im Universellen Unterbewusstsein ist, welches wiederum nur die Funktion hat, auszuführen. Es ist ein geistiges GESETZ! Deshalb hält es alles ihm Einsuggerierte für wahr, egal ob es richtig oder falsch ist, und setzt es eins zu eins um.

Samen wachsen grundsätzlich nach ihrer Art. Hypochonder sind ein gutes Beispiel. Ihre wahrgenommenen körperlich nicht nachweisbaren Symptome sind letztendlich die Wirkung ihrer unbewusst praktizierten ängstlichen Autosuggestionen. Wenn wir unaufhörlich über Krankheit nachsinnen, dann werden wir auch zwangsläufig Krankheit in unser Leben ziehen. Irgendwann sinkt unser Nachsinnen über Krankheit als Glaubensmuster in unser Unterbewusstsein, und Krankheit wird in unserem Leben Gestalt annehmen müssen. Wie dauerhaft im Bewusstsein, so im Unterbewusstsein, so in der sichtbaren Welt. Das ist das Gesetz.

Das Universelle Unterbewusstsein durchdringt das gesamte Universum. Es ist immer anwesend, und wir können alles, was wir wollen, in dieses Universelle Unterbewusstsein mithilfe unseres Individuellen Unterbewusstseins bewusst hineinprojizieren. (*Anmerkung: Die Wahrheit ist: wir projizieren die ganze Zeit unsere Gedanken und Vorstellungsbilder in den universellen Geist - so oder so. Wir können nicht anders, als in ihn hineinzuprojizieren. Wir sind uns dessen nur nicht bewusst. Es geht darum, die Projektion bewusst zu steuern. Deshalb ist die Hypnose so mächtig, weil sie das Prinzip des universellen Unterbewusstseins, in dem wir existieren, sichtbar macht.*) Das geschieht durch den Akt unseres Willens, der durch unser Bewusstsein ausgelöst wird. Wenn wir im Bewusstsein etwas als Wahrheit annehmen, genauso, wie Gott unser Universum als wahr in seinem Bewusstsein angenommen hat, dann sinkt diese unsere Wahrheit in unser Unterbewusstsein, welches das ihm einsuggerierte Bild in die objektive Welt unserer Lebensumstände hinaus projiziert. Und solange dieses Bild mit dem „Willen" unseres Schöpfers übereinstimmt (auf den Willen werden wir später noch eingehen) wird es sich eins zu eins positiv manifestieren. Bei negativer Anwendung durch zum Beispiel Hass-, Neid- und Eifersuchtsgedanken kommt das Bild in Form von Leid und Schmerz auf uns zurück.

Wir denken gleichzeitig auf zwei verschiedenen Ebenen ein und desselben Geistes. Unsere täglichen bewussten Gedanken in unserem Bewusstsein und unsere Überzeugungen und Glaubenssätze in den tiefen Schichten unseres Bewusstseins, im Unterbewusstsein. Nun ist aber Letzteres der kreative Teil un-

seres Geistes, der alles ihm Einsuggerierte sichtbar werden lässt. Darin verborgen liegen unter anderem auch die sogenannten „unangenehmen Gefühle", die wir manchmal haben. Wir wissen nicht, wo sie herkommen. Sie kommen aus unserem Unterbewusstsein! Sie sind das Ergebnis unserer in der Vergangenheit gefällten Urteile über uns selbst, unsere Mitmenschen und Lebensumstände. Wir haben sie zum größten Teil vergessen und dennoch sind sie in uns aktiv. In den tiefen Schichten unseres Bewusstseins führen sie ihr Eigenleben und beeinflussen durch ihre Eigendynamik unentwegt unser Handeln. Auf diese Zusammenhänge gehen wir später noch genauer ein.
Jesus lebte nun diese Totale Erkenntnis. Er muss erkannt und mit all seinen Sinnen gefühlt haben, dass unser Universum eine intelligente Vision im Lebendigen Geist Gottes ist, dass wir deshalb alle spirituelle Wesen sind, die mit ihrem geistigen Schöpfer Kontakt aufnehmen können, einzig und allein durch dieses Bewusstsein.

Wir erinnern uns:
„Die Welt ist durch sein Wort *(sein Gedanke, seinen Geist, sein Bewusstsein)* **geschaffen worden; das Sichtbare** *(das Universum, die Umstände)* **ist aus dem Unsichtbaren** *(dem Geist)* **entstanden."** (Hebräer 11.3).
„Sein Geist, den er uns gab, hat es uns enthüllt. Denn dieser Geist erforscht alles, auch die geheimsten Gedanken Gottes. Wie die Gedanken eines Menschen nur seinem eigenen Geist bekannt sind, so weiß auch nur der Geist Gottes, was in Gott vorgeht. Wir aber haben nicht den Geist dieser Welt *(kollektiver menschlicher Geist)* erhalten, sondern den Geist, der von Gott kommt *(Heiliger Geist)* ... Ein Mensch, der nur über seine natürlichen Fähigkeiten verfügt *(ein Mensch, der nur seinen Verstand benutzt)*, lehnt ab *(errichtet eine geistige Mauer)*, was der Geist Gottes enthüllt. Es kommt ihm unsinnig vor." (1 Korinther 2.10 – 14)

Die Technik des erfolgreichen Betens und positiven Denkens ist das Bewusstwerden und Umsetzen dieser Wahrheit!

Und in demselben Moment, in dem der menschliche Geist die mentale Natur des Universums anerkennt, dringt automatisch die Macht und Kraft Gottes in seinen vom zweifelnden Verstand befreiten Individuellen Geist. Die Bibel umschreibt dieses Geschehen mit der Empfängnis des Heiligen Geistes. Der Vater breitet sich im Sohn aus und umgekehrt, weil der Sohn letztendlich der Vater ist. Es kommt zur kosmischen Hochzeit: der Bräutigam ist unser Bewusstsein und die Braut Gottes Bewusstsein. Alles wird auf bewusster Ebene eins. Jetzt verstehen wir auch, was Jesus mit den nächsten Worten meinte:

„Glaubt mir: ich lebe im Vater und der Vater in mir."

„Ich lebe im Vater" bedeutet, wir leben und fristen unser Dasein im Geist Gottes! „...und der Vater in mir" bedeutet, dass der geistige Schöpfer selbstverständlich auch in uns leben muss. Alles, was wir in unserem Geiste mental sehen können, ist durchdrungen und umgeben und erfüllt von unserem eigenen lebendigen Geist. Verstehen Sie, worauf ich hinaus will? Unser geistiger Schöpfer, in dem wir leben, wie ein Tropfen im Meer, klopft die ganze Zeit an die nur durch uns errichtete Mauer unseres zweifelnden Verstandes. „Gebt Acht, ich stehe vor der Tür und klopfe an!" Gott kann diese Mauer nicht runter reißen, weil wir somit zu Wesen werden würden, die keinen eigenen Willen mehr hätten. Allein unser mitgegebener Wille ist der unfehlbare Beweis, wie sehr uns Gott lieben muss. Er überlässt uns die Entscheidung, ihn in unserem Bewusstsein zu erkennen. Auf diese Tatsache werden wir noch zu einem späteren Zeitpunkt weiter eingehen.

Die Einheit, die zur Macht führt

„Wenn ihr mir nicht auf mein Wort hin glaubt, dann glaubt mir wegen dieser Taten."

Jesus schien sich also der dreifaltigen Natur des Universums bewusst gewesen zu sein, und er konnte somit nicht nur den

Heiligen Geist (das schöpferische Gesetz) für seine „Wunder" einsetzen, sondern er stand auch noch im bewussten Kontakt mit dem Bewusstsein Gottes. Diese geistige Kombination verlieh ihm die ganze Macht, die uns bis heute das Blut in den Adern gefrieren lässt. Er hatte sich total hingegeben. Er hatte bei seinen Wundern nicht nur, wie wir noch sehen werden, das Gesetz des Unterbewusstseins angewendet, nein, er war sich auch noch über den dahinter stehenden Lebendigen Geist Gottes bewusst. Wie Jesus letztendlich zu dieser Totalen Erkenntnis gelangte, sei ungewiss. Wenn wir hier aber unsere Grundlage von Wissen, Glaube, Hingabe und Erkenntnis anwenden, dann können wir ein ganz klein wenig nachvollziehen, an welchem Punkt im Bewusstsein Jesus gewesen ist.

Jesus hatte Universelles Bewusstsein, und das hat man nur, wenn man seinen zweifelnden Verstand komplett besiegt hat.

Da sich Jesus bewusst gewesen sein muss, dass diese seine Erleuchtung für die meisten Seelen zu schwierig ist nachzuvollziehen, bietet er uns eine einmalige von hundertprozentiger Liebe erfüllte Hilfe an. Sein Versprechen an uns! Unsere universale Lebensversicherung! Das beweist seine bedingungslose Liebe zu uns Menschen und lässt unseren Schöpfer in Herrlichkeit erstrahlen.

„Wenn ihr mir nicht auf mein Wort hin glaubt", wenn unser Verstand das Gesagte nicht glaubt, „dann glaubt mir wegen dieser Taten", ich habe es doch vor euren Augen getan; das könnt ihr doch nicht anzweifeln.

Werte Leser und Leserinnen, an dieser Stelle besitzen wir den Schlüssel zur Freiheit, durch den wir das Tor aufschließen können, hinter dem unsere Gebete beantwortet und unser positives Denken fruchtbar sind. Jetzt besitzen wir die Erkenntnis Jesu als Wissen! Und als nächstes geht es darum, diesen Schlüssel zu gebrauchen, ihn anzuwenden. Die Bibel sagt, dass der Glaube ohne Taten tot ist. Die Tat, von der hier die Rede ist, ist unsere Hingabe, so wie sie in dieser Abhandlung definiert worden ist. Jesus muss sich bewusst gewesen sein, dass ein Versprechen diesen geistigen Prozess der Hingabe in uns erleichtern wird. Jesus wusste wohl, dass wir auch ohne seine

Hilfe diesen Bewusstseinszustand erreichen können, aber er wusste wohl auch, dass unser Verstand rebellieren wird. Deshalb gibt er unserem Verstand eine einmalige Hilfestellung. Er gibt uns ein Versprechen, sein Versprechen. Dadurch wird Jesus zum Stellvertreter Gottes, oder wie es der christliche Glaube formuliert, zum Sohn Gottes. Sein Versprechen und seine Stellung in der Schöpfung sind die Brücke vom menschlichen Verstand hin zum Universellen Bewusstsein. Es ist die Brücke von unserer Hilflosigkeit hin zum großen ausführendem Diener unserer Gebete, dem Heiligen Geist. Jesus gibt uns durch sein Versprechen die Möglichkeit des persönlichen Kontaktes mit Gott, indem er jetzt zu seinem Stellvertreter wird.

Bei allen Überlegungen zu diesem Thema dürfen wir nicht vergessen, dass Jesus ein für allemal deutlich gemacht hat, dass *wir alle* die Söhne und Töchter Gottes sind, nicht nur er alleine. Das müssen wir unbedingt so verstehen und annehmen, wie er es gemeint hat. Wir dürfen nicht auf die großen Kirchen hören, die immer noch behaupten, dass nur Jesus der Sohn Gottes sei. Das stimmt einfach nicht! In der Bibel steht jedenfalls etwas anderes! Unsere Logik sagt auch etwas anderes! Den Kirchen mehr zu glauben, würde Jesus als Lügner dastehen lassen!

Es besteht also keine Trennung, es gibt keine Grenzen, keine Separation, auch wenn die materielle Welt uns das vorgaukelt. Alles ist eins, war schon immer eins und wird auch immer eins bleiben. Die einzige Trennung, die wir wahrnehmen, entsteht durch unseren zweifelnden Verstand. Er ist so gesehen die Mauer zwischen unserem individuellen Bewusstsein und dem universellen Bewusstsein Gottes. Diese Mauer ist rein illusorisch, rein gedanklich. Also warum nicht diese Mauer wenigstens nur mal kurz herunterreißen, um zu erhaschen, was sich dahinter befindet? Was sich in uns befindet! Es könnte das Paradies sein, von dem die Bibel spricht. Unser eigenes Bewusstsein könnte das Paradies sein, das wir die ganze Zeit suchen!

„Dann glaubt mir wegen dieser Taten." Jesus hat Blinde, Taubstumme, Behinderte und Verkrüppelte geheilt. Er hat Tote auferstehen lassen - nicht nur er, sondern auch Petrus in der Apostelgeschichte, *nachdem* Petrus den Heiligen Geist empfangen hatte. Jesus hat geistig Kranke geheilt, er hat die Dämonen

Namens Zweifel, Angst, Selbstsucht, Pessimismus und Misstrauen aus dem menschlichen Geist vertrieben. Er hat den Teufel besiegt. Er war Heiler und Psychologe zugleich. „Ich bin der Herr, dein Arzt." (2. Moses 15,26)
Zu einem späteren Zeitpunkt werden wir noch genauer darauf eingehen müssen, wie genau diese Heilungen letztendlich stattgefunden haben. Wir werden ausarbeiten, dass eine mentale Zusammenarbeit zwischen Jesus und den Kranken stattfand. Durch Jesus Bewusstsein wurde ein Rapport zwischen ihm und den Kranken aufgebaut.

„Ich versichere euch: Jeder, der mir vertraut, wird auch die Taten vollbringen, die ich tue."

Das ist sein Versprechen! Lassen wir diesen Satz ganz langsam auf unserer Zunge zergehen! Er ist unsere Lebensversicherung! Löst dieser eine Satz nicht ein unglaubliches Gefühl der Sicherheit aus? Der Mensch, der die größten „Wunder" vollbrachte, verspricht uns, dass wir dasselbe tun können! Wir müssen ihm *nur* vertrauen! Er sagt nicht „ihr Jünger", er sagt nicht „ihr Christen", er sagt „Jeder", und das heißt, dass alle, die ihm vertrauen, seine Taten vollbringen werden; nicht können, sondern „werden"! Dies ist seine Verheißung an uns! Das ist Gottes Versprechen an alle Menschen! Mit diesem einzigartigen Versprechen klärt Jesus ein für allemal, dass Gott alle Menschen liebt - für immer und für ewig! Den Sünder genauso wie den Heiligen. Alle müssen ihm willkommen sein, denn ALLES ist in seinem Geist! Damit dürfte die Einsuggerierung des Schuldgefühls der großen Kirchen in der Vergangenheit ein für allemal als taktisches Machtmittel offengelegt sein. Niemand ist schuldig und noch nie gewesen. Wenn es überhaupt so etwas wie Schuld gibt, eine Sünde, dann nur unsere Ignoranz gegenüber Dieser Einen Großen Wahrheit. Wenn einem etwas nicht bewusst ist, dann sind auch die Fehler, die aus dieser Unbewusstheit heraus entstehen, keine Sünden, sondern einzig und allein Fehler. „Vater, vergib ihnen. Sie wissen nicht, was sie tun!" (Lukas 23.34)
Jesus geht noch einen Schritt weiter...

„Ja, seine Taten werden meine noch übertreffen, denn ich gehe zum Vater."

Was für eine Aussage! Was für ein Versprechen! Der Mensch, der von den Toten auferstanden ist und damit bewiesen hat, dass Gott der Geist der Lebenden und nicht der Toten ist, dieser Mensch sagt uns nun, dass wir hier auf Erden größere Wunder vollbringen können, als er.
Dieses „zum Vater gehen" ist selbstverständlich ein rein geistiger Prozess. Für Jesus gab es hier in der materiellen Dimension nichts weiter zu begreifen. Sein Bewusstsein verschmelzt ein für allemal mit dem Universellen Bewusstsein. Er geht zum Vater, zu unserem Vater.
Dieser weitere Ausspruch Jesu widerlegt die in der heutigen Kirche allgemein verbreitete Lehre, dass die Wunder Jesu nur in seine Zeit gehörten, dass nur Jesus das konnte. Diese allgemeine Auffassung ist offensichtlich falsch! Hier geht Jesus nun in seiner Rede von der Gegenwartsform in die Zukunftsform über und legt für immer und ewig fest, dass alle zukünftigen Menschen, die (an ihn) glauben, die (ihm) vertrauen, diese Taten und noch mehr vollbringen werden. Dies ist ein zeitlich unbefristetes Versprechen! Warum wird das in der heutigen großen Kirche nicht mehr gelehrt? Warum wird das ausgelassen? Dadurch, dass diese Wahrheit nicht mehr gelehrt wird, einzig und allein dadurch wird unser zweifelnder Verstand genährt. Wir essen somit das Brot der Sünde, dessen sich Satan - unser zweifelnder Verstand - bedient, und nicht das Brot des Heiligen Geistes, unser vom Zweifel bereinigter Geist.
Tantra versucht uns Menschen primär dabei zu helfen, uns zu erinnern, wer wir sind. Laut Tantra wissen wir nicht mehr, wer wir sind. Jesus wusste das und hat uns deshalb dieses Versprechen mitgegeben, welches er mit einer Autorität gab, die nur von einem Erleuchteten kommen kann. Wir alle sollten bemüht sein, dieses Versprechen so ernst wie nur möglich zu nehmen. Niemand kann etwas versprechen, wenn er sich nicht hundertprozentig darüber im Klaren ist, was er sagt. Wenn wir alle tatsächlich vergessen haben sollten, was unsere wahre Natur ist und Schwierigkeiten haben, uns daran zu erinnern, wer wir

eigentlich sind, dann bietet uns Jesus an, ihm zu glauben, ihm zu vertrauen!

Kapitel Drei - Die Umsetzung

An dieser Stelle ist es von Vorteil, uns ein einfaches Bild von dem zu machen, was wir bis hier hin gelernt haben.

1. Die Evolution ist das Ergebnis von Intelligenz und nicht umgekehrt.
2. Das Universum ist geistiger Natur, und Energie ist das Werkzeug dieses einen Geistes.
3. Um den Vorgang der Schöpfung zu veranschaulichen, wird in der modernen Metaphysik der Eine Universelle Geist in drei Funktionsweisen aufgeteilt, die zusammengenommen wiederrum universelle Einheit ergeben.
4. Da wir Menschen das Ergebnis und Teil dieser Schöpfung sind, sind wir im Schöpfer und der Schöpfer in uns.
5. Derselbe Schöpfungsprozess des Unendlichen ist auch im Menschen, im Endlichen, vorhanden.
6. Unser individuelles Bewusstsein ist eins mit dem universellen Bewusstsein. Unser individuelles Unterbewusstsein ist eins mit dem universellen Unterbewusstsein. Unser Körper und unsere Umstände sind eins mit dem Körper Gottes, dem Universum.
7. Unser Unterbewusstsein reagiert eins zu eins auf die Autosuggestionen unseres Bewusstseins, bzw. auf unsere mentalen Bilder und Überzeugungen, die wir für wahr halten.

„Dann werde ich alles tun, worum ihr bittet, wenn ihr euch dabei auf mich beruft."

Hier sagt Jesus mittlerweile zum zweiten Mal, dass uns alles gegeben wird, wenn wir uns auf ihn berufen. Warum sollen wir uns auf ihn berufen? Weil er jetzt zu unserem Vermittler mit Gott, der eigentlich in uns lebt, geworden ist. Und weil sich Jesus über ein weiteres hermetisches Prinzip bewusst gewesen

sein muss: das Prinzip von Ursache und Wirkung. Darauf werden wir näher eingehen müssen.
Dieses Prinzip besagt, dass alles eine Ursache hat, dass in jeder Reaktion eine vorherige Aktion verborgen liegt. Es drückt aus, dass alles gesetzmäßig geschieht, dass es den Zufall, so wie wir ihn kennen, nicht gibt. Die Bibel sagt, dass das Sichtbare (die Wirkung) aus dem Unsichtbaren (die Ursache) entsteht. Dieses universelle Gesetz ist überall in der Natur anzufinden. Es ist ein allgegenwärtiges Naturgesetz. Alle Wissenschaftler und auch jeder vernünftig denkende Mensch kann das kaum anzweifeln. Lassen Sie uns gemeinsam dieses universelle Gesetz hier auf Erden finden.
Nehmen wir einmal an, wir besitzen ein eigenes Haus. Wie ist dieses Haus nun entstanden? Zuerst hatten wir im Geiste eine klare Vorstellung von diesem Haus (die Ursache). Als nächstes haben wir mithilfe eines Architekten eine Skizze angefertigt. Wir brachten es zu Papier und somit aus der Welt der Imagination hinein in die Welt des Sichtbaren. Zu guter Letzt lassen wir uns das Haus von einem Bauunternehmer bauen, und nun sitzen und leben wir in diesem Haus (die Wirkung). Wir, die geistigen Schöpfer, wohnen nun in unserer Schöpfung.
Alles vom Menschen Erschaffene ist das Produkt einer unsichtbaren geistigen Idee. Absolut alles, was wir Menschen je hervorgebracht haben, war zuvor eine geistige Idee, ein geistiger Plan! So wie das Universum eine geistige Idee Gottes ist und vom Bauherren seines eigenen Geistes in Ihm errichtet wurde. Das ist das Prinzip von Ursache und Wirkung. Das ist das Grundgesetz des schöpferischen Prinzips. Da nun unser Universum spiritueller Natur ist, muss dieses Gesetz selbstverständlich auch auf der mentalen Ebene Anwendung finden. Wie oben, so unten! Was im Himmel gilt, muss auch auf Erden gelten. Das Gesetz von Ursache und Wirkung ist und bleibt ein universelles Prinzip.
In der Bibel lesen wir, dass wir Menschen das ernten, was wir zuvor gesät haben. Auch das ist das Prinzip von Ursache und Wirkung. Mit anderen Worten: Wenn wir in unserem Bewusstsein mithilfe unseres denkenden Verstandes eine Sache für wahr halten, ungeachtet der Tatsache, ob sie wirklich wahr ist oder nicht, sinkt diese unsere Wahrheit (unser Gebet) in unser

Unterbewusstsein. Da unser Unterbewusstsein zwanghaft arbeitet - es ist ja ein Gesetz - macht es sich umgehend daran, diese unsere geistige Wahrheit in unserem Leben sichtbar werden zu lassen, entweder in unserem physischen Körper oder in unseren Umständen (Placebo- und Nocebo-Effekt).
Hier erkennen wir, dass die Gebetserhörung und bewusst praktiziertes positives Denken nichts mit Bitten zu tun haben. Wenn wir um etwas bitten, dann sagen wir uns, dass wir es nicht als Wahrheit empfinden und somit kann es dann auch nicht in die tiefen Schichten unseres Bewusstseins sinken. Die Bitte bleibt immer nur im Bewusstsein - auf der Oberfläche. Die tief empfundene Danksagung für etwas, das wir noch nicht erhalten haben, wird hingegen vom Unterbewusstsein angenommen.
Selbstverständlich finden wir das Gesetz von Ursache und Wirkung auch in unseren zwischenmenschlichen Beziehungen wieder. Wenn wir jemanden beschimpfen oder verurteilen, dann ist dessen Reaktion darauf die Wirkung. Und so weiter und so fort. Auf einen Punkt gebracht besagt dieses Gesetz, dass aus der Warte eines jeden einzelnen Menschen, der Mensch es selber ist, der seine Umstände und Situationen erschafft. Der Mensch ist seines Glückes und Leides Schmied. Und damit ist auch geklärt, dass Gott nicht ungerecht ist. Wir benutzen das Gesetz entweder falsch oder richtig. Das Gesetz von Ursache und Wirkung ist ein absolut gerechtes Gesetz. Wir ernten, was wir säen. "Ich bin das Alpha und das Omega, der Erste und der Letzte, der Anfang und das Ende." (Offenbarung 22,13). Wir sind die Ursache und die Wirkung! Leider sind wir uns über das Ausmaß dieses Gesetzes nicht bewusst. Nun ist Jesus aber Totales Bewusstsein und hilft uns hier. (*Anmerkung: Selbstverständlich heißt das nicht, dass Menschen, die in ihrer Kindheit misshandelt oder missbraucht wurden, die Schuld bei sich zu suchen haben. Selbstverständlich sind Opfer physischer und psychischer Gewalt nicht selbst schuld. Ab einem gewissen Punkt im Leben hängt es allerdings nur noch von uns selbst ab, was wir aus dem machen, was uns zugestoßen ist. Das ist die bittere Pille, die wir alle schlucken müssen.*)
An dieser Stelle kehren wir zurück zu meiner vorherigen Aussage, dass das Vertrauen genau genommen zwischen Glaube und Hingabe anzusiedeln wäre. In allen vier Evangelien sagt

Jesus immer wieder zu seinen Jüngern, dass sie nicht genügend Vertrauen haben und deshalb seine Wunder noch nicht vollbringen können.

„Ihr müsst nur Gott vertrauen *(Ihr müsst nur glauben)*. Ihr könnt euch darauf verlassen: Wenn ihr zu diesem Berg *(zu dem Problem)* sagt: „Auf, stürze dich ins Meer!" und habt keinerlei Zweifel, sondern glaubt fest, dass es geschieht, dann geschieht es auch." (Markus 11.22 – 23)

Die ganze Bibel ist im wahrsten Sinne des Wortes vollgestopft mit diesem einen Versprechen. Immer und immer wieder ist die Rede von der Macht des Vertrauens. An dieser Stelle werden wir nun den universellen Aspekt Gottes verlassen und uns dem Bereich der menschlichen Probleme zuwenden. Ausgehend vom Punkt fünf der oben genannten sieben zusammengefassten Punkte, können wir nun folgende Ableitung formulieren: Da der universelle Schöpfungsprozess ebenfalls auf individueller Ebene anzufinden ist, bedeutet dies nichts anderes, als dass unsere Gedanken weitaus mächtiger sind, als wir bislang vermutet haben. Unsere Gedanken sind die treibende Kraft in unserem Leben und die Ursache aller uns wiederfahrenden Umstände (mit Ausnahme der Opfer von Gewalt und Verbrechen). Basierend auf den ganzen Hintergründen, mit denen wir uns bislang beschäftigt haben, ist diese Schlussfolgerung allzu logisch. Unsere Gedanken besitzen schöpferische Kraft und neigen dazu, sich ihrer Art getreu zu verwirklichen. Was wir Menschen säen, das heißt, was wir den ganzen lieben Tag lang denken, werden wir ernten, das heißt, wird in unserem Leben sichtbar werden. In der Bibel finden wir das Sprichwort: Wie der Mensch in seinem Herzen denkt, so ist er. Wie der Mensch in seinem Unterbewusstsein denkt, so sind seine Erfahrungen. Das heißt nicht, dass sich jeder Gedanke sofort materialisiert, es heißt aber, dass sich unser vorherrschendes Gedankenmuster definitiv in unseren Lebensumständen manifestieren muss.

Unser gewohnheitsmäßiges Denken bestimmt unsere Gegenwart und Zukunft. Deshalb ist es von unermesslicher Wichtigkeit, auf unsere Worte zu achten. Sätze, die wir stets wiederholen, verwirklichen sich alsbald. Ein ausgesprochenes Wort ist ja nichts anderes, als ein auf akustischer Ebene bereits sichtbar gewordener Gedanke - ein Gedanke, der sich bereits auf dem Weg hin zu seiner Materialisation befindet. Unsere Worte sind unglaublich mächtig - sie sind unser Zauberstab! Sie bestimmen, ob wir weiße oder schwarze Magie praktizieren. Unsere Worte kommen nie leer zu uns zurück. Unsere Worte verraten unsere Gedanken und unsere Gedanken sind der Motor des schöpferischen Prozesses. Nach unseren Worten werden wir gerichtet werden, ermahnt uns Jesus in den Evangelien. Und im Jakobusbrief lesen wir: „Sie (*die Zunge*) ist voll von tödlichem Gift. Mit ihr loben wir Gott, unseren Herrn und Vater - und mit ihr verfluchen wir unsere Mitmenschen, die nach Gottes Bild geschaffen sind. Aus demselben Mund kommen Segen und Fluch."

Ausgehend von den Forschungen in der Quantenphysik beschreibt René Egli in seinem Buch „Das Lola-Prinzip" die Aussage eines Quantenphysikers, die da lautet: Die Welt ist das, was wir von ihr denken. Diese Aussage finden wir auch als erstes Prinzip im hawaiianischen Schamanismus Huna wieder. Dort heißt es: Die Welt ist, was wir denken, das sie ist. Letztendlich sind diese beiden Aussagen das erste hermetische Prinzip andersherum formuliert - sie sind der Umkehrschluss daraus.

Unsere Kinder sind das, was wir von ihnen denken. Unser leiblicher Vater ist das, was wir von ihm denken. Unser Leben ist das, was wir darüber denken. Unser Chef ist das, was wir von ihm denken. Wir sind das, was wir über uns denken... Unsere persönlichen Umstände ändern sich also nicht nur durch die vom Unterbewusstsein hervorgebrachte Reaktion unseres gewohnheitsmäßigen Denkens, sondern auch *unmittelbar* durch unsere im Bewusstsein gefällten Schlussfolgerungen bezüglich unserer Umwelt. Unsere Einstellung bestimmt unsere Sicht der Dinge! Somit wird deutlich, warum im Hinduismus und Jainismus von einer Illusion der gelebten Umstände gesprochen wird. Die Illusion wird durch unsere Einstellung erzeugt; ändern wir nämlich unsere Einstellung, so bleibt die objektive Situation - zumindest anfänglich - so, wie sie sowieso schon ist. Unsere Sicht aber, die ändert sich.

In seinem Buch „Die sechs Säulen des Selbstwertgefühls" beschreibt der Psychologe Nathaniel Branden dasselbe aus einer anderen Perspektive. Er betont, dass unsere objektiven Umstände und unsere subjektiven Reaktionen auf diese Umstände zwei völlig unterschiedliche Dinge sind, und dass die resultierenden Gefühle wieder etwas anderes sind. Das ist der alleinige Grund, warum Person A ruhig und Person B nervös in ein und derselben Situation reagieren. (*Anmerkung: Diese Zusammenhänge sind die Grundpfeiler der kognitiven Verhaltenstherapie, die erfolgreich Depressionen behandelt.*)
In „Tantra – Die höchste Einsicht" sagt Osho zu diesem Sachverhalt folgendes: „Wir sehen die Welt nicht so, wie sie ist, wir sehen sie so, wie sie unserer Erwartung nach aussieht." Je höher unsere Erwartungshaltungen sind, umso größer sind die möglichen Enttäuschungen. Oft sind unsere Enttäuschungen nichts anderes, als das Ende einer Täuschung!
Ich hoffe, ich konnte uns hiermit nahebringen, welch einen Stellenwert unsere Gedanken (inkl. Reaktionen) in unserem Leben haben. Sie haben den größten Stellenwert! Was folgt nun daraus? Denken wir über unsere Umstände lieber so, wie wir sie gerne hätten und nicht so, wie sie sind. Wenn wir uns beispielsweise jahrelang mit einer Person nicht verstanden haben, und diese Person unangenehme Gefühle in uns hervorruft, so werden sich unsere Gefühle in dem Moment ändern, in dem wir unsere Sicht, unsere Einstellung über diese Person ändern. Versuchen wir es doch einfach mal. Unsere Einstellung zu ändern, ist völlig ungefährlich und jugendfrei.
Hierbei ist auch der Zusammenhang zwischen Gedanken, Gefühlen und mentalen Bildern sehr wichtig. In der psychologischen Forschung, sowie in der Parapsychologie, ist festgestellt worden, dass parallel und zeitgleich zu einem Gedanken immer ein entsprechendes mentales Bild entsteht. Bei dem einen ist das mentale Bild sehr gut ausgeprägt, bei dem anderen weniger gut. Aber es entsteht immer ein dazugehöriges Bild. Wenn wir beispielsweise an unseren Chef denken, dann sehen wir ihn auch mit unserem geistigen Auge. Gedanken und mentale Bilder sind ein und dasselbe.
In seinem Buch „Jetzt! Die Kraft der Gegenwart" betont Eckerhart Tolle, dass unsere Gefühle die Reaktion des Körpers auf

unsere Gedanken sind. Der Biochemiker und Neurowissenschaftler Dr. Joe Dispenza betont, dass die Gefühle die biochemische Reaktion unseres Körpers auf unsere Gedanken sind. Das ist sehr wichtig zu verstehen, wenngleich wir auch Gefühle in uns tragen, die nicht direkt von uns herrühren (mehr dazu später). In der Positiven-Denken-Literatur im Lichte der Neugeistbewegung ist es der mit einem Gefühl aufgeladene Gedanke, der einen schnellen Zugang in unser Unterbewusstsein findet und eine dementsprechende Wirkung als Umweltbedingung, Zustand oder Ereignis nach sich zieht.

Zusammengefasst heißt das: Wenn wir einen Gedanken oder eine gewünschte Vorstellung lange genug im Geiste aufrecht erhalten, wird sich der Gedanke früher oder später zu einem dazugehörigen Gefühl manifestieren müssen, welches dann automatisch in unser Unterbewusstsein sinkt.

Das so wichtige Gefühl beim Beten und positiven Denken können wir noch schneller zum Leben erwecken, indem wir ein lebhaftes Interesse für unseren Wunsch entwickeln! Das lebhafte Interesse lässt nämlich das dazugehörige Gefühl ganz automatisch und recht schnell entstehen! Interessieren wir uns für die Beantwortung unserer Gebete? Begeistert uns das Ziel, das wir erreichen wollen? Und bereitet uns der Weg zum Ziel Spaß? Auch hier vollzieht sich eine Hochzeit. Diesmal eine mentale Hochzeit: der Bräutigam ist unser Gedanke, die Braut unser Gefühl, unsere Begeisterung. Wenn beide miteinander verschmelzen, wird unser Gebet beantwortet! Das männliche und das weibliche Prinzip sind dann in einem harmonischen Zusammenspiel und deren Sprössling Namens Beantwortetes Gebet wird geboren.

Gleichzeitig, während wir einen Gedanken bewusst aufrecht erhalten, werden wir unsere Umwelt anders wahrnehmen. Diese veränderte Wahrnehmung wiederrum löst eine *sofortige* dementsprechende Reaktion in unserer Umwelt aus. Wir wissen ja jetzt, dass alles eins ist. Unsere tief empfundenen Gedanken und Gefühle übertragen sich durch das Medium des Universellen Unterbewusstseins auf unsere Mitmenschen, auf unsere Tiere und alles andere, worauf die Sonne scheint. Hier schließt sich nun der Kreis, und wir kommen zurück zu Jesus und dem Vertrauen.

Diese ganzen Zusammenhänge muss Jesus gekannt haben. Er hatte Totales Vertrauen und somit die Totale Hingabe, was zu seiner Totalen Erkenntnis führte. Das macht ihn so einmalig in der Menschheitsgeschichte. Der Christusgeist in uns ist unser erleuchtetes Bewusstsein. Jesus kam zu uns, um in uns dieses Erleuchtete Bewusstsein zu errichten. Er kam als Mensch und ging als Erleuchteter! Er kam als Jesus von Nazareth und ging als Jesus Christus, nur um unser dunkles Bewusstsein - der Glaube an andere Mächte neben Gott - zu erhellen. Er selber sagte: „Das Auge *(das Sehen der Wahrheit)* vermittelt dem Menschen das Licht. Ist das Auge klar, steht der ganze Mensch im Licht; ist das Auge getrübt, steht der ganze Mensch im Dunkeln. Wenn aber dein inneres Auge - dein Herz - blind ist, wie schrecklich wird dann die Dunkelheit sein!" (Matthäus 6.22-23)

„Er kam in die Welt und war in der Welt, um allen Menschen Licht zu geben" (Johannes 1.9). In sämtlichen okkulten Schriften wird der erleuchtete Zustand mit Licht gleichgesetzt. Die Erscheinung eines Erleuchteten muss ihn durch seine Helligkeit - seine Heiligkeit - vom Rest der Menschen abgrenzen. Jesus war dieses Licht. Jesus ist Licht! Er selbst sagte: „Ich bin das Licht der Welt. Wer mir folgt *(vertraut),* hat das Licht, das zum Leben führt, und wird nicht mehr im Dunkeln *(im Unbewussten)* tappen" (Johannes 8.12). Dieser Jesus sagte auch: „Dann werde ich alles tun, worum ihr bittet, wenn ihr euch dabei auf mich beruft." Wenn wir nun an diese Aussagen glauben und fühlen, dass durch Jesus Gott, unser Erleuchtetes Bewusstsein, spricht, dann wird uns dieses Versprechen beeindrucken müssen. Sobald wir Menschen diesem Versprechen vertrauen, fängt das Licht an, zu leuchten. Wenn wir uns diesem Versprechen hingeben, werden wir Teil dieses Erleuchteten Bewusstseinszustandes, und Satan muss für immer und ewig verschwinden, weil Satan nur im Dunkeln existieren kann, in der Unwissenheit und Unbewusstheit! Wohin geht das Dunkle, wenn wir das Licht einschalten?

Das ist der Grund, warum ich oben geschrieben habe, dass Jesus das Gesetz von Ursache und Wirkung gekannt haben muss. Ihm zu vertrauen ist die Ursache. Teil seines Bewusstseins zu werden die Wirkung. Und wenn wir Teil seines Bewusstseins geworden sind, werden unsere Gebete beantwortet, weil wir es letztendlich selber sind, die die Beantwortung unserer Gebete auslösen. Das muss Jesus von Anfang an gewusst haben. Er ist die Brücke, und wir müssen über die Brücke gehen. Anders geht es nicht! Jeder, der über diese Brücke des Glaubens geht, wird auch die Taten vollbringen, die er vollbracht hatte. Uns geschehe nach unserem Glauben.

„So wird durch den Sohn die Herrlichkeit des Vaters sichtbar werden."

So wird durch den Akt unserer Hingabe die Herrlichkeit des Einen Großen Denkenden Bewusstseins sichtbar werden, in dem wir alle leben! Jesus hat uns Menschen so sehr geliebt, Gott liebt seine Schöpfung so sehr, dass Jesus uns *zum dritten Mal* ein und dasselbe Versprechen gibt. Zum dritten Mal!

„Wenn ihr euch auf mich beruft, werde ich euch jede Bitte erfüllen."

Die Schule des positiven Denkens praktiziert in der Neugeistbewegung und anderer Vertreter dieser geistigen Ausrichtung basiert auf all dem, was ich Ihnen bis hierhin erläutert habe. Beim positiven Denken geht es nicht um das sinnlose Herunterplappern positiver Sätze oder Floskeln, sondern um das aufrichtige Fühlen (!) der Wahrheit dessen, was wir bejahen und zwar mit jedem einzelnen Atom unseres Daseins. Nur so wird unser Unterbewusstsein beeindruckt, nur so kann es unsere Worte als wahr annehmen und zwangsläufig realisieren. Unsere Gedanken sind der Motor und unsere Gefühle der Treibstoff im Schöpfungsprozess! Das Herbeigewünschte muss im Gebet realer werden, als unsere eigentliche aktuelle Realität. Das ist wahrer Glaube. Jesus sagt dazu: „Wenn ihr betet, dann leiert nicht endlos Gebetsworte herunter wie die Heiden. Sie meinen, sie könnten bei Gott etwas erreichen, wenn sie besonders viele Worte machen. Ihr sollt es anders halten. Euer Vater weiß, was ihr braucht, bevor ihr ihn bittet" (Matthäus

6.7-8). Im gewissen Sinne steigern wir uns total in unseren Glauben hinein - allerdings ganz bewusst.
In seiner Essenz bedeutet Positives Denken, über das Wahre, Schöne und Gute nachzusinnen bzw. zu meditieren. Das Wort „Gott" steht für „das Gute". An Gott zu glauben heißt, sich für das Gute, Schöne und Wahre im Leben zu entscheiden. Wir beanspruchen den göttlichen Plan für unser Leben. Und wir gewähren allen anderen dasselbe Recht. Denken wir immer daran: Gott bedeutet das Gute. „Der Geist Gottes dagegen lässt als Frucht eine Fülle von Gutem wachsen." Mehr dazu im nächsten Abschnitt.
Sicherlich können wir jetzt nachvollziehen, welch verheerende Wirkung mit negativen Gefühlen aufgeladene Worte des Hasses, der Wut und des Grolls haben können. All diese Geisteszustände lösen starke destruktive Emotionen in uns aus. Sie beeindrucken und beeinflussen unser Unterbewusstsein maßgeblich, insbesondere dann, wenn unser gesprochenes Wort mit diesen negativen Gefühlen aufgeladen ist. Wir praktizieren dann im wahrsten Sinne des Wortes Schwarze Magie, die zwangsläufig auf uns, den Urheber, zurückkommen muss. Denken wir immer daran: Unser gesprochenes Wort ist mächtig! Am Anfang aller Dinge steht unser Wort! Wir können negative Gedanken nicht abschalten. Aber, wir können beziehungsweise wir müssen kontrollieren, was aus unserem Mund kommt.
In Emile Coués Klassiker „Autosuggestion" lesen wir: „Wenn der Wille *(unser Wunsch)* und die Vorstellungskraft *(unser mit Gefühl aufgeladenes mentales Bild)* im Widerstreit stehen, siegt stets die Vorstellungskraft, ohne Ausnahme." Also noch einmal, denn es ist sehr wichtig das zu verstehen: Es geht nur darum, unseren Willen mit unserem Gefühl eins werden zu lassen! Es muss zu der mentalen Hochzeit kommen. Wir verlieben uns in unser Ideal, unseren Wunsch, unser Gebet! Der Wunsch muss realer werden, als die Realität!
Jesus sagt, dass uns „jede Bitte" erfüllt wird. Sowohl unser Körper als auch unsere Umstände werden durch unseren Glauben und feste Zuversicht geheilt. Beides, unser Körper und unsere Lebensumstände, befinden sich in ein und demselben universellen Geist. Unsere Lebensumstände sind nur unser

erweiterter Körper - somit werden die Symptome unserer Lebensumstände auf dieselbe Art und Weise geheilt, wie unsere körperlichen und psychischen Symptome. Das ist die Basis wahren Glaubens! „Bitte" ist hier gleichzusetzen mit „Beten". Wir bitten nicht beim Beten, sondern wir vertrauen darauf, dass die Symptome heilen werden. Wir bitten nicht, sondern wir bedanken uns für das beantwortete Gebet! Wir bedanken uns für die empfangene Heilung! Immer und immer wieder! Wir geben uns unserem Wunsch total hin. Das ist richtiges Beten. Wir leben im Gefühl des beantworteten Gebets, egal wie auch immer die Umstände aussehen mögen, und wir leben so lange in diesem Gefühl, bis das Gebet beantwortet ist.
Wichtig an dieser Stelle ist die Wahrheit, dass wir immer beten. Jeder unserer Gedanken ist letztendlich ein Gebet. Beten ist ein rein geistiger Prozess, und im Geiste gibt es nur unsere Gedanken. Somit ist wahres positives Denken positives Beten, und positives Beten ist im Umkehrschluss positives Fühlen, und positives Fühlen führt zum positiven Reden! Benutzen wir unsere Gedanken, um ein Ziel zu formulieren, sprechen wir letztendlich ein Gebet. Ob das Gebet beantwortet wird, liegt an der Art und Weise, wie viel Leben wir unserem Wunsch einhauchen, wie geduldig und zuversichtlich wir an unserem Gedanken festhalten, wie entschlossen wir die entsprechenden Schritte einleiten. Das ist alles!

Unser Wille und Gottes Wille

In der Bibel lesen wir:
„Die menschliche Selbstsucht kämpft gegen den Geist Gottes, und der Geist Gottes gegen die menschliche Selbstsucht; die beiden liegen im Streit miteinander, so dass ihr das Gute nicht tun könnt, das ihr doch eigentlich wollt. ... Wenn aber der Geist Gottes euer Leben bestimmt, dann steht ihr nicht mehr unter dem Zwang des Gesetzes *(Unwissenheit über die Wechselbeziehung zwischen Bewusstsein und Unterbewusstsein)*. Wohin die menschliche Selbstsucht führt kann jeder sehen: zu Unzucht, Verdorbenheit und Ausschweifungen, Götzendienst und Zauberei, Streit, Gehässigkeit, Rivalität, Jähzorn, Geltungs-

drang, Uneinigkeit und Spaltungen, Neid, Trunk- und Fresssucht und noch vieles dergleichen. ... Der Geist Gottes dagegen lässt als Frucht eine Fülle von Gutem wachsen, nämlich **Liebe, Freude, Frieden, Geduld, Freundlichkeit, Güte, Treue, Nachsicht und Selbstbeherrschung.** Wer so lebt, hat das Gesetz *(das Gesetz von Ursache und Wirkung)* nicht gegen sich. Das gilt von allen, die zu Jesus Christus gehören; denn sie haben ihre Selbstsucht und Begierden ans Kreuz genagelt." (Galater 5.17 – 24)

Diese Sätze stammen von Paulus, *nachdem* er den Heiligen Geist empfangen hatte. Deshalb sind seine Aussagen mit den Aussagen Jesu gleichzusetzen. Hier werden uns die Eigenschaften des göttlichen Geistes genannt, in dem wir unser Sein haben. Diese neun Eigenschaften sind die Essenz des göttlichen Geistes und die Grundpfeiler, auf denen unser Universum aufgebaut ist, sie sind ewig gültige Eigenschaften. Sie sind der Stoff, aus dem wir Menschen gemacht sind.
Gott ist Liebe. Und die Liebe ist das Gesetz. Jesus verkörperte die bedingungslose Liebe. Im hawaiianischen Schamanismus Huna wird Liebe folgendermaßen definiert: „Liebe heißt, glücklich sein mit...". Die Metaphysiker sagen: „Liebe ist Gott in Aktion." Wenn Gott Liebe ist, folgt daraus, dass Gott mit seiner Schöpfung zufrieden sein muss. Er liebt, was er geschaffen hat, und er liebt uns Menschen so sehr, dass er uns nicht zu willenlosen Marionetten gemacht hat. Gott ist geduldig, denn die Liebe ist geduldig! „Die Liebe ...erträgt alles, sie glaubt alles, sie hofft alles, sie duldet alles." (1. Korinther 13.5) Er wartet so lange, bis wir ihn in unserem Bewusstsein als unser Bewusstsein erkennen. Und genau dieselbe Geduld benötigen auch wir in der Zeit des Wartens, bis unser Gebet beantwortet wird. Haben wir diese Geduld nicht, dann wird es auch nicht beantwortet. Wir müssen lernen, uns nach Gottes Zeitplan zu richten. Ihm gehört das Universum, nicht uns. Wir sind nur ein Teil davon, können es aber durch unseren Glauben und unsere Zuversicht in Bewegung setzen – Berge versetzen.
Wenn wir unser Denken nicht mit den oben genannten Eigenschaften in Einklang bringen, werden wir basierend auf dem Gesetz von Ursache und Wirkung das entsprechende Leid ern-

ten. Wir können uns noch so sehr ein erfolgreiches Leben wünschen, es wird uns nicht gegeben, falls wir unfreundlich bleiben und keine Selbstbeherrschung praktizieren, wenn wir nachtragen, lästern, verurteilen, und dergleichen. Ein erfolgreiches Leben beinhaltet nicht nur finanziellen Erfolg, sondern strahlende Gesundheit, wahre Selbstverwirklichung, glückliche zwischenmenschliche Beziehungen, perfekter Selbstausdruck und berufliche Verwirklichung. Wenn wir all das in unserem Leben sichtbar machen wollen, dann müssen wir zwangsläufig die oben genannten Eigenschaften in unserem Denken und Handeln kultivieren. Der wichtigste aller Power Gedanken, den wir bis zum Ende unserer Tage im Herzen tragen und immerzu wiederholen sollten, ist: „Ich bin Liebe, Freude, Frieden, Geduld, Freundlichkeit, Güte, Treue, Nachsicht und Selbstbeherrschung."

Viele unserer Gebete und Wünsche werden einfach nicht erhört, weil es uns Betenden an diesen Eigenschaften mangelt. Viele unserer Gebete basieren leider auf subtilem Egoismus und versteckter Selbstsucht. Seit Anbeginn der Schöpfung hat Gott einen perfekten Plan für jeden von uns in seinem Geiste etabliert, einen perfekten Plan, der nur für uns bestimmt ist - für niemanden sonst. Dieser göttliche Plan mag im Gegensatz zu unseren selbstsüchtigen irdischen und fleischlichen Wünschen stehen. Deshalb ist es sehr ratsam, beim Beten und praktizierten positivem Denken den göttlichen Plan für unser Leben als Alternative mit einzubeziehen, ihn zuzulassen und bestenfalls zu beanspruchen. Selbstverständlich haben wir das göttliche Recht, uns zu wünschen, was immer wir wollen, aber unsere wahre Motivation hinter unserem Wunsch bleibt dem göttlichen Geist definitiv nicht verborgen. Handeln wir egoistisch und nur zu unserem eigenen Vorteil - noch schlimmer: schaden wir andere durch unser Handeln -, so wird das zwangsläufig zu unangenehmen Situationen in unserem Leben führen müssen. Wir sind dann so gesehen nicht im Einklang mit der universellen geistigen Matrix der Liebe. Und das führt unweigerlich zu einem kosmischen Kurzschluss - zu Leid und Elend.

Wenn wir uns also beispielsweise einen bestimmten Gegenstand wünschen, dann sollten wir es zulassen, dass genau dieser Gegenstand eben nicht zu unserem göttlichen Plan gehören könnte, sondern eine andere und wunderbare Alternative, die vielleicht sogar unsere ursprünglichen Vorstellungen bei Weitem übersteigt. Seien wir bereit, uns überraschen zu lassen! Laden wir den göttlichen Geist bewusst in unsere Gebete ein, erzählen wir ihm von unserem Wunsch und bedanken uns, dass unser Wunsch gemäß göttlicher Ordnung, auf perfekte Weise und unter Gnade in Erfüllung geht.

Einige Gebete werden sicherlich auch erhört, wenn wir *nur* unser Unterbewusstsein einsetzen und weiterhin schlechte geistige Eigenschaften kultivieren. Die Welt ist voll mit entsprechenden Beispielen. Machen wir uns aber darüber hinaus Gottes Eigenschaften zu Eigen, was könnte dann noch uns und den beantworteten Gebeten dazwischen kommen?

Die wichtigste aller Eigenschaften Gottes ist und bleibt die Liebe. In Wahrheit gibt es im Universum nur ein Gesetz und das ist das Gesetz der Liebe. All die anderen spirituellen Gesetze sind nur Teilgesetze dieses einen großen Gesetzes. In der Bibel lesen wir: „Er liebte uns schon, bevor er die Welt schuf. Für ihn gehörten wir mit Christus zusammen vor aller Zeit" (Epheser 1.4). Basierend darauf hat uns Jesus die beiden wichtigsten Gebote genannt: „Der Herr *(Das Gesetz von Ursache und Wirkung)* ist unser Gott, der Herr und kein anderer. Darum liebt ihn von ganzem Herzen, mit ganzen Willen und ganzem Verstand und mit allen Kräften! Gleich danach kommt das andere Gebot: Liebe deinen Mitmenschen, wie dich selbst! Es gibt kein Gebot, das wichtiger ist als diese beiden." (Markus 12.29 – 31)

Wir leben, wandeln und atmen im Geist Gottes. Dieser Geist ist Liebe. Wollen wir mit der Liebe bewusst Kontakt aufnehmen, müssen wir in uns diese Eigenschaft zu eigen machen. Das tun wir, indem wir unaufhörlich wiederholen: „Ich bin Liebe." Ohne Liebe können wir die Liebe nicht erfahren. Wenn Gott Liebe ist, dann sind auch Sie und ich Liebe. Wir haben es nur vergessen. Sich hinzugeben ist Liebe. Wir geben uns Jesus Versprechen hin. Wenn wir in diesem einen Geist der Liebe dessen Schöpfungen missachten, misshandeln und ausnutzen, wenn wir also selbstsüchtig handeln, dann dürfen wir uns nicht wundern, dass wir große Schwierigkeiten haben werden, das zu bekommen, was wir so gerne hätten. Oft ist es leider so, dass

die sogenannten schlechten Menschen offensichtlich unbestraft durchs Leben kommen. Machen wir uns aber nichts vor: das Gesetz von Ursache und Wirkung schlägt immer zu! Bei vielen von uns erst am Ende des Lebens. Ich persönlich will darauf unbedingt verzichten. Also, warum sind wir nicht erst einmal glücklich mit dem, was uns Gott schon gegeben hat, auch wenn es nicht viel ist? Der biblische Hiob hatte noch mehr Reichtum, Freude und Gesundheit erhalten, als er eigentlich schon besaß, nur weil er letztendlich Gott in *seinem eigenen Bewusstsein* als sein Bewusstsein erkannt und angenommen hatte.
Auch wenn wir unsere Begierden anfangs beiseitelegen müssen, um Gott Einlass in unser Bewusstsein zu gewähren, so werden aus diesen alten Begierden letztendlich neue göttliche Wünsche. Das ist praktizierte Alchemie. Das ist positives Denken in die Praxis umgesetzt. Jesus sagt dazu: „Wer Gott vertraut, dem ist alles möglich" (Markus 9.23). Jemanden zu vertrauen, heißt auch, dass wir seine Eigenschaften respektieren und zu schätzen wissen. Das magische Wort, das Jesus immer und immer wieder benutzt, ist Vertrauen! Ich benutze in dieser Abhandlung das Wort Hingabe - aber sicherlich ist es ein und dasselbe.

Die Umsetzung, den Schlüssel zu gebrauchen, ist praktiziertes Vertrauen gepaart mit Geduld und Liebe!

Wenn wir uns also aufraffen und mit dieser Einen Lebendigen Macht, die alles erschaffen hat, einfach nur glücklich sind, wenn wir nur diese Eine Unendliche Intelligenz in unserem Geiste bewusst anerkennen, weil letztendlich keine andere Macht existiert, dann werden unsere Gebete sicherlich noch schneller beantwortet. Werden sie nicht beantwortet, dann wissen wir jetzt warum. Diese Herangehensweise führt zu der berühmten Ruhe und Gelassenheit. Lassen Sie es uns doch einfach mal versuchen, uns bewusst auf diese Eine Lebendige Macht zu berufen, die sich durch Jesus Worte manifestiert hat. Wenn wir das tun, werden wir erkennen, dass die Allmacht Gottes nichts anderes ist, als die Bewegung unserer Gedanken! In seinem Buch „Positiv leben ohne Stress" interpretiert der geniale Dr. Joseph Murphy das Buch Hiob im Lichte der mo-

dernen Metaphysik. An einer Stelle schreibt er: „Die Grundwahrheit, dass Gott sein Bewusstsein ist, hat Hiob noch nicht anerkannt und angenommen." Es ist wirklich wahr! Unser eigenes Bewusstsein ist Gott, den wir die ganze Zeit suchen oder verneinen!
Das hört sich alles so einfach an. Wir brauchen uns ihr nur hinzugeben, der Einen Wahrheit, der Liebe. Wenn wir die Eine Lebendige Macht geistig nicht nachvollziehen können, brauchen wir uns nur Jesus Versprechen hinzugeben. Das ist die große Alternative, die uns hier gegeben wird. Warum fällt es uns Menschen dann so schwer, uns in diese Hingabe hineinfallen zu lassen? Diese Frage kann ich nicht beantworten. Sicherlich hat es etwas mit unserer Identität zu tun, die sich aus unserem Leben hier auf Erden ergibt. Wir sind mit allem Möglichen identifiziert und wollen das natürlich nicht verlieren, weil das unserem Verstand große Angst bereitet. Vielleicht hilft uns hier die Frage Oshos weiter.

„Was ist deine „Technik", dich *nicht* auszuliefern? Wenn du dich noch nie der Liebe ausgeliefert hast, dann ist die wirkliche Frage nicht, *wie* man das macht, sondern wie du es bisher geschafft hast, die Liebe zu umgehen. Was ist dein Trick, deine Technik, deine Strategie - deine Verteidigungsstrategie, mit der du ohne Liebe gelebt hast?"

Gottes Wille, das perfekte Bild

An dieser Stelle ist es wichtig, darauf hinzuweisen, dass Jesus sich selbstverständlich an diese seine Wahrheiten gehalten haben musste. Alles, was er uns bis jetzt geschildert hat, beinhaltet nichts Weiteres, als seine selbst angewandte Heil- bzw. Gebetsmethode.
Beispiel: Johannes Evangelium, Kapitel 11. „Als Jesus nach Betanien kam, lag Lazarus schon vier Tage im Grab." Lazarus' Familie trauerte, insbesondere weil sie wusste, dass wenn Jesus früher gekommen wäre, Lazarus hätte noch gerettet werden können. Jesus bekam sofort Mitleid, er musste weinen. Jesus

bekommt immer Mitleid mit uns leidenden Menschen - ein zweifelloser Beweis seiner Liebe.

Sofort ging er zum Grab. Ohne zu zweifeln, ging er einfach zum Grab und sagte währenddessen zu Marta, Lazarus' Schwester: „Ich habe dir doch gesagt, dass du die Herrlichkeit Gottes sehen wirst *(dass du das Gebet beantwortet bekommst)*, wenn du nur Vertrauen hast."

Hier hat Jesus den alles entscheidenden Akt des Vertrauens eingeleitet. Bevor Jesus nun seinen Willen in den Universellen Geist hineinspricht, sagt er: „Ich danke dir, Vater, dass du meine Bitte erfüllst. Ich weiß, dass du mich immer erhörst." Er bedankt sich schon, bevor überhaupt irgendetwas geschehen ist, bevor das beantwortete Gebet sichtbar wird! Das ist der Akt des Totalen Vertrauens beziehungsweise der Totalen Hingabe, den er auch von uns verlangt, wenn wir unsere Gebete beantwortet haben wollen.

Er fährt fort: „Aber wegen der Leute hier spreche ich es aus - damit sie glauben, dass du mich gesandt hast." Hier ist wieder seine Liebe im Spiel. Er demonstriert uns Menschen, wie man erfolgreich betet. Danach rief er laut und mit **Autorität**: „Lazarus, komm heraus!" Der Tote ist auferstanden und kam heraus...

Anhand dieses Beispiels hat uns Jesus die Technik des erfolgreichen Betens ein für allemal erklärt.

> **1. Wir nehmen die Eine Lebendige Allgegenwart Gottes bewusst wahr!** *„Ich danke dir Vater..."*
> **2. Dann vereinen wir uns geistig mit dem Bewusstsein Gottes - mit dem Gesetz!** *„Ich weiß, dass du mich immer erhörst..."* (Wir wissen, dass das Gesetz immer reagiert.)
> **3. Als nächstes sprechen wir unseren Wunsch oder unser Anliegen mit der gleichen *Autorität* aus, die auch Jesus benutzte.**
> **4. Zuletzt lassen wir unser gesprochenes Wort mit fester Zuversicht los, so dass das Gesetz alles Weitere für uns regeln kann. Wir müssen loslassen und das Gesetz zulassen.**
>
> **Wenn wir beten oder bewusst positiv denken, müssen wir das Gewünschte als bereits manifestiert betrachten. Wir müssen im Ziel leben und das *GEFÜHL* des beantworteten Gebetes in uns tragen - bevor das Ziel sichtbar wird - und mit Geduld aufrecht erhalten.**

„Ich danke dir, Vater, dass du meine Bitte erfüllst." (*Anmerkung: Wir wissen, dass unser Unterbewusstsein jeden Glaubenssatz sichtbar macht.*) Das sollte unser Gebet sein. Noch bevor das Gebet beantwortet wurde, bedankte sich Jesus bereits. Er nahm eine Tatsache als Wahrheit an, obwohl sie in der sichtbaren Welt noch keine Wahrheit war (Ursache). Dann sprach er mit Autorität, basierend auf dem Wissen, dass der Heilige Geist unser Diener ist und immer gehorcht. Es war kein „Bitten", kein „Vielleicht" und auch kein „Wenn es dein Wille ist". Nein, er *befahl* Lazarus aufzustehen. Diese Autorität Jesu haben wir durch sein Versprechen auch bekommen. Das ist sehr wichtig! Wir haben das göttliche Recht, unsere Gebete und unsere positiven Behauptungen über uns und unsere Umwelt mit derselben Autorität auszusprechen. Wir haben sogar die göttliche Pflicht, unsere Gebetsworte mit Autorität aufzuladen, weil das zum einen unseren klaren Entschluss signalisiert, und weil es zum anderen unser Unterbewusstsein beeindrucken wird. Und jeder unterbewusste Eindruck wird zum objektiven Ausdruck. Das ist das Gesetz!

Warum ist nach dem Gebet das Loslassen so wichtig? Wir alle haben das schon einmal erlebt: Etwas Erhofftes oder Herbeigesehntes trat erst dann in Erscheinung, als wir am allerwenigsten damit gerechnet hatten beziehungsweise es in jener bestimmten Situation nicht für möglich gehalten hätten. Beispielsweise wünscht sich eine Frau, den richtigen Lebenspartner kennenzulernen. Sie versucht alles Mögliche, nichts jedoch funktioniert. Und auf einmal, während sie mit etwas ganz anderem beschäftigt ist, steht der zukünftige Partner wie aus dem Nichts kommend vor ihr. Oder: Ein Künstler erhofft sich den verdienten Durchbruch. Alle seine Anstrengungen haben nur zur Frustration geführt, und auf einmal lernt er in einer Situation - in der er niemals damit gerechnet hätte - den entscheidenden Kontakt kennen. Oder: Ein Arbeitssuchender hat unzählige Bewerbungen rausgeschickt und nur Absagen erhalten. Auf einmal lernt er - beispielsweise auf einer Party - jemanden kennen, der genau seine Kompetenzen zu schätzen weiß. Oder: Ein Verkäufer erhofft sich den alles entscheidenden Abschluss mit irgendeinem potenziellen Kunden. Alle seine Versuche haben zu nichts geführt. Dann - er ist kurz davor aufzugeben - ruft auf einmal ein potentieller Kunde, den er längst vergessen hat, an und will sein Produkt kaufen.

Die meisten von uns neigen zu der Annahme, dass dieses Phänomen eine individuelle Ausnahme ist. Ist es aber nicht. Es ist ein universelles Gesetz! Sobald wir aufhören, uns anzustrengen - die Betonung liegt auf „anstrengen" -, etwas zu erreichen, sobald wir aufhören, etwas mental herbei zu erzwingen, sobald wir aufhören, hinter jeder Ecke den herbeigesehnten Zustand (für den wir beten) zu erhoffen, erst dann kann die erhoffte Situation ins Sichtbare treten.

Leider neigen wir dazu, unsere vergangenen Lebenserfahrungen als das Maß aller Dinge zu betrachten und in unsere heutige Situation hineinzuprojizieren. Dabei übersehen wir die Tatsache, dass das Leben unendlich viele Möglichkeiten und Situationen bereit hält, die wir niemals für möglich gehalten hätten. Wir müssen lernen, uns mit der Ungewissheit, die das Leben uns andauernd bietet, anzufreunden. Wir müssen mit der un-

umgänglichen Ungewissheit des Lebens Frieden schließen, insbesondere beim Beten.
Das Leben (das Gesetz) will uns überraschen! Besser noch: Gott kann nicht anders, als uns zu überraschen. Das gilt insbesondere beim praktizierten positiven Denken. Wir müssen bereit sein, uns überraschen zu lassen! Das heißt natürlich nicht, dass wir uns nicht bewegen sollen, um etwas zu erreichen. Im Gegenteil! Wir handeln, nehmen aber den mentalen Druck raus, weil wir erkannt haben, dass sich die Dinge meist dann regeln, wenn wir überhaupt nicht damit rechnen. Das gilt sowohl für unsere körperliche Genesung als auch für unsere Lebensumstände. Zusammengefasst heißt das: Auch wenn wir eine längere Zeit für einen bestimmten Zustand beten, lassen wir trotzdem nach jedem einzelnen Gebet los, so als wäre das unser letztes Gebet. Und wenn wir darauf hin das Gefühl haben, nochmals beten zu müssen, dann tun wir das so, als würden wir erstmalig beten und lassen auch wieder so los, als würden wir nicht noch einmal beten. Somit machen wir uns das oben beschriebene Prinzip der Überraschung zunutze.
Wie kommt es nun, dass Jesus *unmittelbare* Resultate erzielte? Weil Jesus die Totale Erkenntnis gehabt haben muss. Er war absolut verschmolzen mit der Einen Universellen Wahrheit. In ihm gab es keinen Zweifel, noch nicht einmal einen halben Prozent. Er war vom Zweifel völlig befreit. Je größer unsere Zweifel, desto länger dauert die Gebetsbeantwortung. Jesus sagt dazu: „Niemand kann zwei Herren zugleich dienen. Er wird den einen vernachlässigen, und den anderen bevorzugen" (Matthäus 6.24). Wir können uns nicht auf der einen Seite etwas wünschen und es gleichzeitig anzweifeln! Das kann und wird zu nichts führen! Der Zweifel wird immer siegen!

Zweifel wirft die Tür zu Gottes Herrlichkeit - zum beantworteten Gebet - zu. Vertrauen öffnet sie.

Bei seinen sämtlichen Heilungen fragte Jesus die kranke Person *vorher*, ob sie glaube, geheilt zu werden. Wenn diese dann mit einem tiefempfundenen „Ja" antwortete, offenbarte Jesus: „Dein Vertrauen hat dir geholfen." Danach war sie gcheilt! Wie ist das mit unserem jetzigen Wissen zu erklären? Jesus

muss durch seine Totale Erkenntnis eine Art überirdische Ausstrahlung gehabt haben, die in dem anderen Menschen ein dementsprechendes Vertrauen auslöste. Was war diese „überirdische" Ausstrahlung?
Die Eigenschaften des göttlichen Geistes wurden weiter oben zitiert. Daraus lässt sich ableiten, dass Gott ein Perfektes Bild von seiner Schöpfung haben muss, welches durch und durch positiv ist. Unser Universum ist ein Kosmos und kein Chaos. Gott trifft keine Schuld, wenn wir das Gesetz falsch anwenden. Die Hölle ist nur in unserem Bewusstseinszustand zu finden. Sie existiert nur in unserer Erfahrung. Sie ist das Resultat des falsch angewandten Gesetzes. Dr. Joseph Murphy hat es wunderbar ausgedrückt: „Der Satan ist ein Nichts, der versucht zu sein." Wenn wir hier auf Erden die Hölle erleben, heißt das ganz und gar nicht, dass die Hölle im Universum Gottes tatsächlich existiert. Die Hölle existiert nur im menschlichen Universum, nirgends sonst. Wir oder andere machen uns das Leben zur Hölle, nicht Gott.
Das göttliche Design - der göttliche Plan - ist perfekt. Dieses Perfekte Bild trug Jesus aufgrund seiner Totalen Erkenntnis selbstverständlich auch in seinem Geiste. Er sah die Menschen mit Gottes Augen. Sein Geist und der Universelle Geist waren verheiratet, sie waren in Liebe miteinander verschmolzen. Jesus sah durch die Augen Gottes, und Gott sah seine Schöpfung durch die Augen Jesu. Ein kosmisches Liebesspiel. Jesus wusste, dass Leid und Krankheit die Wirkungen destruktiver Überzeugungen waren - der Glaube an andere Mächte außerhalb Gottes! „Du sollst neben mir keine anderen Götter haben." Die Wirkung der falschen Anwendung der geistigen Gesetze führt grundsätzlich zu Leid, Misserfolg oder Krankheit. Folglich ist die Krankheit des Körpers, des Geistes und auch der Umstände die Wirkung destruktiver Gedankenmuster, Überzeugungen und Erfahrungen.
Diese destruktiven Überzeugungen und Gedankenmuster in den tiefen Schichten unseres Bewusstseins (Hass, Angst, Missgunst, Zorn, unverarbeitete alte Verletzungen, Eifersucht, Misstrauen, Groll, Gier, Egoismus, Konkurrenzdenken, etc.) bewirken negative Resultate in unserer Außenwelt. Diese negativen Resultate sind aus der Sicht der Absoluten Wahrheit je-

doch eine Illusion, ein Schatten und nicht Die Wahrheit selbst. Hinter jedem kranken irdischen Umstand sah Jesus den göttlichen Plan. Gottes Wille! Dieses Perfekte Bild eines gesunden Menschen in Jesus hatte sich mithilfe des Universellen Subjektiven Geistes auf das Unterbewusstsein des Kranken übertragen, und zwar *nachdem* Letzterer den Akt des Vertrauens eingegangen war, indem er sagte: „Ja, ich glaube dir." Und das führte unweigerlich zu einer *sofortigen* Reaktion im Unterbewusstsein des Kranken, die ihn unverzüglich das werden ließ, was er eigentlich schon immer war, nämlich das Perfekte Bild Gottes. Hier sehen wir, dass die Heilung beziehungsweise die Beantwortung des Gebetes letztendlich nur durch uns Betende selbst ausgelöst wird (Placebo-Effekt). Deshalb sagte Jesus: „Der Vater, der immer in mir ist, vollbringt durch mich seine Taten." Das Gesetz der Schöpfung in uns vollbringt durch uns, durch unser Vertrauen, durch unseren Glauben, durch unser konstruktives Denken, dessen Taten.

Das ist der Hintergrund hinter all den Wunderheilungen, die heutzutage stattfinden. Diese Menschen sind durch den unerschütterlichen Glauben an ihre Heilung geheilt worden, durch nichts anderes. Sie haben sich immerzu gesund gesehen, obwohl ihre fünf Sinne das Gegenteil bewiesen, und sie haben an diesem Bild mit Geduld festgehalten und sich durch nichts und niemanden beirren lassen. Letztendlich geht es nicht darum, an *was* wir glauben, sondern dass wir überhaupt *an irgendetwas* glauben (Placebo-Effekt)!

Deshalb ist es niemals der Geistheiler, der heilt, sondern die durch den Geistheiler aktivierte Zuversicht im Kranken. Wenn beispielsweise ein Geistheiler für einen Geisteskranken betet, dann ist es nur der Geistheiler selbst, der geheilt werden muss. Er muss nämlich zu der inneren Überzeugung gelangen, dass sein Klient im göttlichen Geist gar nicht krank sein kann, sondern nur gesund. Der Geistheiler hat die Aufgabe, sich von dem äußeren Bild der Krankheit komplett zu befreien. Er muss sich davon heilen! Er muss ein Bild vollkommener Gesundheit in seinem Geiste errichten. Er muss den göttlichen Plan für den anderen in seinem Geiste sehen, spüren und fühlen können. Mit anderen Worten, er muss es glauben können. Dieser aufrechterhaltene positive Glaube sinkt somit zu gegebener Zeit in sein

Unterbewusstsein und wird dementsprechend durch das Medium des Universellen Unterbewusstseins auf das Unterbewusstsein der Person, für die er betet, übertragen. Wenn der Geistheiler in diesem positiven mentalen Bild verharren bleibt - und der Kranke nach wie vor geheilt werden will - werden sich die Symptome im anderen auflösen müssen und das ursprüngliche vollkommene göttliche Bild der Gesundheit sichtbar werden. *(Anmerkung: Niemand kann geheilt werden, der nicht geheilt werden will oder an seine Heilung glaubt. Der Nocebo-Effekt, der gefürchtete Bruder des Placebo-Effekts, ist der unfehlbare wissenschaftliche Beweis. Eine negative Erwartungshaltung - negatives Denken - kann die Wirkung eines wirkenden Medikamentes ausschalten! Es bleibt dabei: Unsere Gedanken und unser Glauben sind allmächtig! Deshalb sagte Dr. Joseph Murphy: „Das Gesetz des Lebens ist das Gesetz des Glaubens.")*

An dieser Stelle ist es von äußerster Wichtigkeit, auf die Tatsache hinzuweisen, dass selbst Jesus in seinem Geburtsort fast keine „Wunder" vollbringen konnte, eben wegen dem Unglauben der dort lebenden Menschen. In der Bibel lesen wir dazu: „Deshalb konnte er dort auch keine Wunder tun. Nur einigen Kranken legte er die Hände auf und heilte sie. Er wunderte sich, dass die Leute von Nazareth ihm das Vertrauen verweigerten" (Markus 6.5–6). Es ist immer nur der mit fester Zuversicht gefasste Entschluss des Kranken, geheilt zu werden, der eine mögliche Heilung einleitet. Wenn ein Kranker nicht gesund werden will, oder wenn er nicht an eine Heilung glauben kann, dann kann ihn nichts auf der ganzen Welt heilen, nicht einmal die beste Medizin.

Hier ist es nun wichtig, auf eine weitere Tatsache hinzuweisen, auf ein weiteres metaphysisches Prinzip. Ein metaphysisches Prinzip, das uns dabei hilft, mit den aufkommenden Zweifeln problemlos umzugehen. Durch die Anwendung dieses Prinzips konnte ich mich ein für allemal von einer schweren Neurodermitis heilen.

Neale Donald Walsch bringt in seinem Büchlein „Bring Licht in die Welt" die Anwendung der Metaphysik mit diesem Prinzip auf einen Punkt. Dieses Prinzip besagt: „Sobald Sie entschieden haben, wer oder was Sie sind *(wenn wir also beten oder positives Denken praktizieren),* kommt alles in den Raum, was im Gegensatz dazu steht." Obwohl ich mich mit dem positiven Denken schon lange beschäftigt hatte, war mir bis dato dieses Prinzip nicht wirklich bewusst gewesen. Es basiert letztendlich auf einem weiteren hermetischen Prinzip, **das Prinzip der Polarität.** „Dieses Prinzip enthält die Wahrheit, dass „alles zweifach ist", dass „alles zwei Pole hat", dass „alles seine zwei Gegensätze hat"...."Thesis und Antithesis sind ihrer Natur nach identisch, nur im Grad verschieden"..."Schau auf ein Thermometer und suche den Punkt zu entdecken, bei dem „Hitze" endet und „Kälte" beginnt"..."

Alles in diesem Universum hat zwei Pole. Auch die Bibel weist auf dieses Naturgesetz hin. „Sieh dir alles an, was Gott, der Höchste geschaffen hat. Alles kommt paarweise vor, eins das Gegenteil vom anderen" (Sirach 33.15). Gut und Böse sind letztendlich die zwei entgegengesetzten Seiten ein und desselben Phänomens. Shakespeare schrieb: „Es gibt kein Gut und kein Böse. Das Denken des Menschen macht es erst dazu." Die ganze Natur an sich ist absolut neutral und eins. Nur unser Verstand teilt sie in Einzelteile auf und beurteilt sie. Die Natur ist! Mehr nicht. Die Sonne scheint auf gute und auf schlechte Menschen. Trotzdem könnte unser Universum ohne dieses Prinzip der Polarität nicht existieren. Gottes „Idee" ist das eine Ende, das materielle Universum das andere. Beides ist aber dasselbe. Ich habe vorhin in einem Spielfilm einen netten Spruch gehört: Alles ist dasselbe, aber nicht das gleiche.

Neale Donald Walsch erklärt weiter: „In der Welt des Relativen *(in der Welt der Materie)* ist ein Ding nur das, was es in Relation zu einem *anderen* Ding ist, welches *nicht* dieses Ding ist. ... Die Wahrheit über Gegensätze ist die, dass sie nur innerhalb eines Raums gemeinschaftlicher Anwesenheit existieren, sonst existieren sie nicht." Das heißt im Umkehrschluss, dass in dem Moment, in dem wir zum Beispiel für eine Heilung beten, die Krankheit kurzfristig schlimmer erscheinen kann; oder dass unsere Zweifel an eine Heilung größer werden können. *(Anmerkung: Die Betonung liegt auf „kann". Es kann passieren, muss aber nicht.)* Lassen Sie sich dadurch unter keinen Umständen beirren, es muss dann so sein. Es ist nur ein untrügliches Anzeichen dafür, dass wir uns auf dem Weg der

Besserung befinden. Die metaphysische Schule der Neugeistbewegung spricht an dieser Stelle vom Gesetz der Widerstandslosigkeit. Kaballah umschreibt es mit den Worten - proaktives Verhalten. In der Bibel lesen wir dazu: „Ihr selbst braucht nicht zu kämpfen; bleibt ruhig stehen und schaut zu, wie ich, der Herr *(das Gesetz)*, euch Erlösung bringe." (2 Chronik 20,17)

Die Wahrheit ist nämlich, dass in dem Moment, indem wir uns für die Heilung entscheiden, der Heilprozess bereits einsetzt; er ist nur noch nicht auf materieller Ebene wahrzunehmen. Auf der spirituellen Ebene findet er bereits statt. Das geht auch nicht anders, weil wir alle auf spiritueller Ebene gar nicht krank sind. Dort existiert nur der göttliche Plan für unser Leben und der ist gut! Die Materie allerdings hinkt dem Geist immer ein wenig hinterher. Das muss so sein! Denn unser Geist ist die Ursache und die Materie (unser Körper) die Wirkung. Wenn nun unsere Symptome kurzfristig schlimmer zu werden drohen, dann nur weil der Heilprozess bereits eingesetzt hat. Denken wir immer an das kurzfristige unerträgliche Jucken während der Heilung einer Wunde! Entweder kratzen wir sie auf, oder wir warten, bis das Jucken aufhört. Wenn wir sie aufgekratzt haben, wird sie aufs Neue heilen und dann wieder jucken. Und so weiter und so fort.

Unsere Gesundheit kann sich nur vor dem Hintergrund der manifestierten Krankheit durchsetzen. Wir befinden uns in einem Richtungswechsel hin zur anderen Seite, hin zur unserer Gesundheit. Deshalb ist es durchaus möglich, die gesamte Bandbreite der Krankheit zum ersten und letzten Mal deutlicher als je zuvor vor Augen geführt zu bekommen. Ich will damit auf gar keinen Fall sagen, dass wir bei einer schweren Krankheit nicht einen Arzt konsultieren sollen. Im Gegenteil! Denn alles kommt von Gott. Aber selbst, wenn wir uns in pharmakologischer Behandlung befinden, ist es ratsam, uns parallel dazu mental zu verarzten.

Wenn wir andererseits für Ruhe und Gelassenheit beten, dann kann genau in diesem Moment alles noch schlimmer für uns werden. Alles versucht uns noch mehr aus der Ruhe zu bringen. Die ganze Welt droht einzustürzen. Unsere gewünschte Ruhe kann sich aber nur vor dem Hintergrund der Unruhe ma-

nifestieren! Wenn wir also beten: „Ich bin ruhig", zeigt uns die Welt ihre ganze Bandbreite der Unruhe. Lassen wir uns niemals von diesen Oppositionen beunruhigen. Wenn nun Menschen in unserem Leben auftauchen, die uns aus unserer beanspruchten Ruhe zu bringen drohen, dann ist das nur eine Art „Prüfung", ob wir auch wirklich hinter dem stehen, für was wir beten. Wenn alles erst einmal schlimmer wird, ist das ein ernsthaftes Anzeichen dafür, dass wir uns auf dem richtigen Weg befinden! Der Trick hierbei ist, dass wir von den scheinbar verschlimmerten Umständen unberührt bleiben. Das ist praktizierter wahrer Glaube. Nach einer gewissen Zeit verschwinden sie auch wieder. Jesus sagt dazu: „Seid auf der Hut und lasst euch nicht täuschen! Viele *(u.a. unsere Zweifel)* werden mit meinem Anspruch auftreten und sagen: ‚*Ich* bin es! Die Zeit ist da.' Lauft ihnen nicht nach!" (Lukas 21,8)
Leider geben die meisten Menschen an dieser Stelle auf und betiteln die moderne Metaphysik als Blödsinn. Missverständlicher Weise schlussfolgern sie, dass alles einstürzt, dass positives Denken Unsinn ist. Dabei ist es genau umgekehrt: Alles ordnet sich neu gemäß göttlicher Ordnung. „Siehe, ich mache alles neu!" (Offenbarung 21,5). Der Kluge bleibt seiner Vision treu. Der Besserwisser bleibt in dem Gesetz, welches ihn befreien „will", aufgrund seiner Ungeduld und seines Misstrauens gefangen.
Wenn wir auf Oppositionen stoßen, erleben wir so gesehen eine mental-spirituelle Geburt. Fragen wir eine Mutter, und sie wird uns bestätigen, dass ihre Schmerzen während des Geburtsvorgangs unerträglich waren. Sobald die Geburt vorüber war, waren alle ihre Schmerzen wie weggeblasen. Die Mutter kann sich noch nicht einmal mehr daran erinnern, *wie* es geschmerzt hat. Sie weiß nur, *dass* es geschmerzt hat! Dasselbe Prinzip hat auch beim praktizierten positiven Denken Gültigkeit.
Jesus muss sich also über dieses Heilungsprinzip im Klaren gewesen sein. Als auch Petrus auf dem Wasser wandelte kam plötzlich ein großer Sturm auf. Dieser Sturm, welcher für unseren Glauben steht, eben nicht auf dem Wasser gehen zu können, hatte ihm Angst eingejagt. Er ließ sich von seiner Angst überwältigen und sank. Darauf sagte Jesus zu ihm, er habe kein

Vertrauen. Selbstverständlich handelt es sich bei dieser biblischen Geschichte um ein symbolisches Beispiel psychologischer Zusammenhänge. Das Wasser steht für unsere Emotionen. Auf dem Wasser gehen bedeutet demnach, in der Zeit des Wartens auf die Gebetsbeantwortung von den aufkommenden negativen Emotionen unberührt zu bleiben. Der Sturm symbolisiert die scheinbare Stärke der Oppositionen. Lassen wir uns davon überwältigen, beziehungsweise identifizieren wir uns mit ihnen, werden wir auch kein Erfolg beim Beten haben. Wir sinken sozusagen zurück in den Zustand, den wir eigentlich bereinigt haben wollten.

Dasselbe Prinzip wendete Jesus auch und insbesondere während seiner Folter, Misshandlung und Kreuzigung an. Er ließ sich durch die aufkommenden Oppositionen nicht beeindrucken. Er hielt an seinem Glauben fest und ist letztendlich von den Toten auferstanden. Er hatte durch seinen Glauben den Tod besiegt. Wie oft hätte er während des Martyriums einen Rückzieher machen können? Jesus aber hatte die Totale Erkenntnis und deshalb konnte ihn auch niemand vom Gegenteil überzeugen. Somit erfüllte er die alttestamentlichen Prophezeiungen. Wenn wir mit den aufkommenden Oppositionen in der gleichen Weise umgehen, erfüllt sich Jesus Prophezeiung: „Wer Gott vertraut, dem ist alles möglich" (Markus 9.23).

„Jeder wird ernten, was er gesät hat" (Galater 6.7). Kein Bauer buddelt seine Saat wieder aus, nur um nachzuschauen, ob sie denn auch wächst. Er weiß, glaubt, gibt sich hin und hat erkannt, dass sie wächst; dass sie *nur* im Dunkeln der Erde wachsen kann; dass das Ausbuddeln und Nachschauen den Wachstumsprozess behindern würde. Genauso weiß der zuversichtliche Mensch, dass seine Gebetssaat im Boden seines Geistes wächst; auch wenn der Wachstumsprozess anfänglich nicht spürbar ist. Das einzige, was er tut, ist diese seine Saat immer und immer wieder mit Vertrauen, Zuversicht und Danksagungen zu bewässern. Er schaut nicht nach, ob sie wächst. Er weiß, dass sie wächst! Und dann eines Morgens kommt der Bauer aus seinem Haus und sieht, dass die Saat aufgegangen ist.

Jeder Heiler, der behauptet, er sei es, der geheilt hat, lügt! Ein sogenannter Heiler kann nur unsere Zuversicht festigen, mehr

nicht. Das universelle Heilungsprinzip wohnt in jedem Menschen. In uns wird es durch uns beansprucht. Das hat uns Jesus mit diesen wunderschönen Worten, die wir bis hier hin analysiert haben, ein für allemal bestätigt.
In seinem genialen Buch „Christus unser Heiler" hat der vor einigen Jahrzehnten verstorbene amerikanische Evangelist F.F. Bosworth anhand der Bibel nachgewiesen, dass unsere Heilung Gottes Wille ist. Ich kann jedem, der sich für die Bibel, Jesus oder generell für Geist- und Glaubensheilung interessiert, dieses wunderschöne Buch nur ans Herz legen. Seit ein paar Jahren gibt es diesen Klassiker in deutscher Sprache. Ich selber hatte dieses Buch vor zwei Jahrzehnten in den USA studiert und mich mithilfe des darin beschriebenen Glaubens von einer Sehschwäche geheilt. (*Anmerkung: Siehe Praxisbeispiele.*) Erst viele Jahre später wurde mir bewusst, was ich damals erlebt hatte. Diese Heilung trat ein, bevor ich mich mit der „Wissenschaft vom Geist" beziehungsweise mit der modernen Metaphysik der Neugeistbewegung und dem Kybalion eingehender beschäftigt hatte. Immer wieder konnte ich mit meinem Glauben Berge versetzen. Viele Probleme, wie zum Beispiel einige meiner Allergien, bin ich losgeworden. Es ist einzig und allein meinem zweifelnden Verstand zuzuschreiben, dass ich einige Gebete noch nicht demonstriert habe. Aber eines habe ich erkannt: Wir alle haben durch dieses Versprechen Jesu das Recht bekommen, unsere Gebete und positiven Affirmationen mit derselben Autorität auszusprechen, wie er. Es hilft ungemein! Genauso wie ein Angestellter die Prokura bekommt, um im Namen der Firma große Geschäfte zu tätigen, haben wir durch dieses zeitlose Versprechen die kosmische Prokura erhalten, das Leben zu leben, welches wir zu leben bestimmt sind. Diese Prokura nun zu nutzen, liegt allein in unserem Ermessen.
Wir leben bereits in einem vollkommenen Universum. Da wir uns in einem nimmer endenden Fluss der Schöpfung befinden, muss jeder Moment an sich schon vollkommen sein. Wir sind vollkommene Wesen! Daran erinnert uns Jesus mit seinen Aussagen. Jesus hatte erkannt, dass wir Hier und Jetzt vollkommene spirituelle Wesen sind. Wir brauchen nicht erst etwas zu werden. Wir müssen nur begreifen, dass wir es schon sind. Wir

müssen nur erkennen, dass unser Denken bereits schöpferisch ist! Wir müssen nur das Göttliche in uns anerkennen. Es gibt nur das Hier und Jetzt, das ewige Jetzt! Alle sogenannte „Schuld" ist das Ergebnis unserer Unwissenheit über die gesetzlichen Zusammenhänge. Und genau diese „Schuld" hat Jesus auch noch von uns genommen, und zwar ein für allemal. In der Bibel heißt es: „Unsere ganze Schuld hat er uns vergeben, weil Christus sein Blut vergossen hat. So zeigt uns Gott den ganzen Reichtum seiner Gnade" (Epheser 1.7). So zeigt uns unser Schöpfer den ganzen Reichtum seiner Liebe. Er hat uns schon längst vergeben, bevor wir überhaupt etwas falsch machen. Wir müssen uns nur bewusst werden, wer und was wir im Geist Gottes sind. Wir müssen einfach nur erkennen, dass ein Gesetz von Natur aus nicht nachtragend sein kann. Wir müssen begreifen, dass unser Bewusstsein Gott ist, den wir die ganze Zeit suchen.

In „Tantra – Die höchste Einsicht" betont Osho: „Sobald du dir deiner selbst bewusst wirst, verschwindet der ganze Spuk der Vergangenheit augenblicklich. Keinen Augenblick hält er es länger aus. Du hast gemordet, aber jetzt kannst du nicht mehr morden. Du hast gemordet, weil du dir nicht bewusst warst, wer du warst. Du hast nicht gewusst, was du tatest. ... Werde einfach bewusst, und plötzlich fallen alle Karmas von dir ab."

In der „Wissenschaft vom Geist" und in den Büchern von Thomas Troward werden die Vollkommenheit unseres Universums und dadurch die Vollkommenheit unserer menschlichen Natur folgendermaßen und vereinfacht weiter ausgeführt: Gott trägt in seinem Geiste das mentale Bild eines perfekten Universums. Er hat den Menschen nach seinem Bilde geschaffen. Die Natur, inklusive Sie und ich, ist perfekt. Gott „will" und „muss" sich in seinem Geiste weiter ausdrücken, indem er sich durch unseren Geist in seiner Schöpfung weiter manifestiert. Wenn wir unseren Geist öffnen, dann kann Gott sich durch uns in Form von Kreativität und beantworteten Gebeten weiter in seiner eigenen Schöpfung ausbreiten. Wenn wir unseren Geist öffnen, werden wir zu einem Kanal, durch den der große Schöpfer weiter kreieren kann. Somit wird der universelle Schöpfungsprozess mithilfe seiner geistigen Schöpfungen wei-

ter ausgeführt. Die Evolution schreitet im Kopf des Menschen voran. Künstler wissen das!
Wenn wir Menschen Gott, die Quelle allen Lebens, in unserem Bewusstsein erkennen, erkennt sich Gott letztendlich selbst in unserem Bewusstsein. Als Buddha begriffen hatte, wer er eigentlich war, als er erleuchtet wurde, soll er drei Tage ununterbrochen gelacht haben. Deshalb das lachende Gesicht Buddhas. Jeder Mensch, der sich selbst erkennt, der aufwacht, wird wahrscheinlich auch drei Tage lachen müssen. Vielleicht lacht er sogar bis an das Ende seines Lebens hier auf Erden. Wir wissen ja jetzt, dass eine der Eigenschaften Gottes Freude ist.

Gottes Gesetz der Vergebung

„... Aber wenn ihr betet, dann sollt ihr euren Mitmenschen verzeihen, falls ihr etwas gegen sie habt, damit euer Vater im Himmel euch eure Verfehlungen auch vergibt."

Das ist das Gesetz der Vergebung. Ich habe mich bewusst entschieden, erst jetzt darauf einzugehen. Es ist nämlich ein sehr wichtiges universelles Gesetz und leider das am meisten Missverstandene. Deshalb leite ich dieses Kapitel mit den Worten der Grande Dame des positiven Denkens, Louise L. Hay, ein: „Aktive Vergebung findet in unserem eigenen Bewusstsein statt; sie hat nichts mit der anderen Person zu tun. Menschen zu vergeben bedeutet nicht, deren Verhalten stillschweigend zu dulden."
Sollte uns von einem unserer Mitmenschen Schreckliches angetan worden sein, oder sollte uns ein fürchterlicher Schicksalsschlag heimgesucht haben, dann ist es nur zu normal, uns an einen Fachmann zu wenden, der uns professionell dabei unterstützt, unsere verletzte Seele wieder zu heilen. Viele schreckliche Erlebnisse, insbesondere schwere Traumata, können wir nicht alleine heilen. Das liegt in der Natur der Sache. Kein Selbsthilfebuch auf der ganzen Welt wird uns die Pflicht, uns nach gewissen Erfahrungen therapeutisch behandeln zu lassen, abnehmen können. Das zu hoffen, ist illusorisch. In manchen Situationen benötigen wir einen Spiegel, in dem wir

unseren seelischen Zustand reflektieren können, und in anderen Situationen therapeutische Interventionen, ohne die seelische Heilungen nicht möglich sind. Es ist ja auch keine Schande, bei einem körperlichen Problem einen Arzt aufzusuchen. Warum sollte es dann ein Zeichen von Schwäche sein, einen Therapeuten zu konsultieren? Für mich hat das etwas mit Stärke und Vernunft zu tun, sich von seinen Mitmenschen helfen zu lassen. Alles andere ist töricht und entspringt der Ignoranz und der Selbstüberschätzung.

Dass man auf einen Täter, der einem etwas Ungerechtes oder gar Schlechtes angetan hat, wütend und böse ist, ist nur allzu menschlich und normal. Das muss so sein. Aber das weitere Leben in einem unaufgearbeiteten Zustand des Schmerzes zu fristen, wird auf Dauer noch mehr Schmerz und Leid anziehen müssen, eben weil unser Geist schöpferisch ist und alles vervielfacht beziehungsweise anzieht, worüber wir langfristig nachsinnen. Alle Arten destruktiver Gedanken, auch die, die ihre Berechtigung haben - wie Wut, Hass, Groll und Verbitterung - sind auf Dauer reine Mentalgifte! Sie verseuchen unseren Geist und somit unseren Körper und unsere Lebensumstände und gehören ausgemerzt.

Ich möchte hier auf keinen Fall den Eindruck erwecken, als sei das Verzeihen einfach. Ganz und gar nicht. Es ist die größte psychologische und spirituelle Herausforderung überhaupt. Erst kommt die Therapie - das Auf- und Verarbeiten - und dann die Vergebung! Ja, das Verzeihen ist nicht einfach, aber leicht, sobald wir verstanden haben, was wir tun und warum wir es tun! Die Vergebung hat grundsätzlich positive Auswirkungen auf unser seelisch-geistiges Empfinden. Ich verzeihe laufend! Immer und immer wieder. (*Anmerkung: Ich bin in einem Umfeld aufgewachsen, in dem es leider aufgrund widriger Umstände immer wieder zu Verletzungen kam. Ich wag es nicht auszudenken, was aus mir geworden wäre, wäre ich nicht auf das Gesetz der Vergebung gestoßen.*)

Das Gesetz der Vergebung ist praktizierte Liebe! Es ist eine der Haupteigenschaften des göttlichen Geistes, in dem wir existieren. Das Gesetz der Vergebung löscht unsere vergangenen Verfehlungen für immer aus, und das sogenannte Gesetz des

Karmas wird durch unsere praktizierte Selbstvergebung neutralisiert. Das Karma kann vor dem Gesetz der Vergebung nicht bestehen. Ich vergebe mir selbst laufend - immer und immer wieder. Eine Affirmation der Metaphysikerin Florence Scovel Shinn, die ich gerne benutze, lautet: „Ich rufe das Gesetz der Vergebung an und bedanke mich, dass ich unter der Gnade stehe und nicht mehr unter dem Gesetz."

Die Aussage Jesu ist selbstverständlich keine Drohung oder Warnung. Ganz und gar nicht. Sie ist der direkte Weg zum beantworteten Gebet. Sie ist eine weitere Hilfestellung, die wir mit auf dem Weg bekommen haben. Sie ist ein Geheimnis - ein alchemistischer Trick. Diese Verhaltensregel entspringt genaugenommen dem zweitwichtigsten Gebot, welches uns Jesus mitgegeben hat, nämlich: „Liebe deinen Mitmenschen, wie dich selbst." Was ist letztendlich damit gemeint? Wie kann ich jemanden lieben, der mir Schreckliches angetan hat?

Jesus spricht aus dem Göttlichen Bewusstsein heraus. Wir Menschen denken von unserer beschränkten Warte aus. Jesus hatte erkannt, dass er und die Schöpfung das Ergebnis der Liebe sind, dass *er* personifizierte Liebe ist. Wenn ein Mensch wirklich erkennt, dass er und der universelle Geist - das Universum, in dem er existiert - Liebe sind, dann wird er sich, seine Brüder und Schwestern automatisch lieben müssen. Er hat dann erkannt, dass alle schrecklichen Taten aus dem geistigen Schlaf heraus entstehen, dass die dahinterstehende wahre spirituelle Person diese schreckliche Tat hätte niemals verrichten können. Jedes Verbrechen, jedes Unrecht, jede Perversion auf diesem Planeten basieren auf totaler Unbewusstheit, die denkt, sie sei bewusst. Jeder Aufgewachte könnte seine vorherige schreckliche Tat niemals wiederholen.

Liebe deinen Mitmenschen, wie dich selbst! Nicht: liebe dich selbst, wie deinen Mitmenschen. Bevor wir unsere Mitmenschen lieben können, müssen wir erst einmal lernen, uns selbst zu lieben. Die Satzstellung ist der springende Punkt. Hüten wir uns vor denjenigen, die andauernd beteuern, wie sehr man doch seinen Nächsten lieben solle, sich selbst aber immerzu runtermachen, ja geradezu schlecht machen.

Sich selbst lieben heißt, zufrieden zu sein mit dem, was man ist. Das ist der Ausgangspunkt für jedwede Veränderung. Man

nennt das auch das Gesetz der Akzeptanz. Zufrieden sein mit dem, was wir in unserem Spiegelbild sehen. Im Frieden sein mit allem, was wir sind. Wir sind nämlich ein Ausdruck der Liebe. Sich lieben heißt, sich anzunehmen mit allen seinen guten und mit allen seinen schlechten Eigenschaften, weil nur durch die Totalakzeptanz dessen, was ist, das, was gut ist, wächst, und das, was schlecht ist, automatisch verschwindet.
Der Psychologe Nathaniel Branden schreibt dazu in seinem Buch „Die 6 Säulen des Selbstwertgefühls" folgendes: „Selbstannahme ist die Weigerung, in einem feindschaftlichen Verhältnis zu mir selbst zu stehen. ... Zur Selbstannahme gehört die Idee des Mitgefühls, sich selbst ein Freund zu sein. ... Die Annahme dessen, was ist, ist die Voraussetzung für Veränderungen. Und wenn ich das, was ist, leugne, bleibe ich festgefahren." Wie kann ich andere Menschen lieben, wenn ich ein feindschaftliches Verhältnis zu mir selbst habe? Osho sagt dazu: „Du magst an Gott glauben, aber wenn du sonst im Leben zu irgendetwas Nein sagst, dann ist dein Glaube nichts wert, dein Gott ist Hokuspokus... Wie kannst du einen Schöpfer bejahen, ohne seine Schöpfung zu akzeptieren? Wenn du Nein zur Schöpfung sagst, wie kannst du dann Ja zum Schöpfer sagen? Beides ist eins.... Ihr stellt euch höher als Gott. Ihr sagt: ‚Hiermit bin ich einverstanden, damit aber nicht.' So entsteht alle Weltabkehr."
Wir müssen erst einmal lernen, uns so anzunehmen, wie wir sowieso schon sind. Wenn wir zum Beispiel eine schlechte Eigenschaft leugnen, dann wird diese Eigenschaft noch umfangreichere Formen annehmen. Sie wächst und bricht irgendwann aus. Alles, was wir leugnen, wächst eben wegen der Leugnung. Alles Unangenehme, das wir annehmen, wird letztendlich verschwinden, weil Annahme Liebe ist. Und Liebe ist die Haupteigenschaft des Universums. Diese Liebe löscht alles nicht ihr Zugehörige automatisch aus.
Wenn wir uns also mit allem, was wir sind, annehmen, wenn wir uns lieben (Ursache), dann erst können wir unsere Mitmenschen auch lieben (Wirkung). Wenn wir diese Totalakzeptanz unseres Selbst nicht praktizieren (wollen oder können), dann ist auch jede „Liebe" zum Rest der Schöpfung eine Scheinliebe. Wie kann ich jemandem eine Sprache beibringen, die ich selbst

nicht beherrsche? Das geht nicht und wird auch nie gehen. Die Blinden können nun einmal nicht die Blinden führen!
Warum sollen wir nun unseren Mitmenschen verzeihen? Erstens, weil wir verstanden haben, dass alle schlechten Taten aus einer tiefen Unbewusstheit heraus entstehen. Eine Unbewusstheit, die denkt, sie sei bewusst. Es ist nicht der wahre spirituelle Mensch, der das Verbrechen begeht, sondern seine Unbewusstheit. Zweitens, wenn wir negative Gedanken des Hasses und Grolls in unserem Geiste pflegen, wie soll dann unser schöpferischer Geist das Gute hervorbringen? Wir Menschen ernten, was wir gesät haben. Wenn ich einen destruktiven Gedanken in meinem Geiste pflege - bewusst oder unbewusst - wird er sich irgendwann und zweifellos in Form von Leid, Schmerz oder Unfällen in meinem Körper oder in meinen Lebensumständen manifestieren müssen. Unfälle, Verletzungen, Krankheiten, Streitereien und alle weiteren negativen Erfahrungen im Leben eines Menschen sind größtenteils auf langfristig gehegte destruktive Gedankenmuster (und destruktive Umstände) zurückzuführen. Drittens, weil wir verstanden haben, dass uns das Verzeihen vom Täter befreit und unser Groll uns an ihn bindet.
In seinem Klassiker „How to live 365 days a year" beschreibt der amerikanische Arzt Dr. John A. Schindler anhand vieler Praxisbeispiele die Auswirkungen negativer Emotionen auf unseren Körper. Er gelangte zu der festen Überzeugung, dass mehr als achtzig Prozent aller Krankheiten psychosomatischen Ursprungs sind, das heißt, unsere körperlichen Symptome werden durch unsere Psyche verursacht. Er beschreibt, dass diese kleinen über Jahre mit uns herumgeschleppten hasserfüllten, eifersüchtigen oder grollenden Gedanken für die größten Magengeschwüre verantwortlich seien. Warum sollten wir uns also bewusst krank machen wollen? Nur weil wir zu stolz sind, zu verzeihen? Was für eine törichte Haltung, oder? Zu verzeihen bedeutet Selbstschutz!
Ein weiterer Grund, zu verzeihen, ist der damit verbundene direkte Zugang zu Gott; die Beantwortung unserer Gebete oder unsere Heilungsprozesse werden zweifellos beschleunigt. Warum? Weil wir durch Jesus Versprechen die kosmische Prokura erhalten haben, uns und unsere Mitmenschen zu heilen. Würde

es Ihre Firma zu schätzen wissen, wenn Sie sich von der Firmenphilosophie abgrenzten und mit der Prokura machten, was Sie wollten? Jesus hat allen verziehen, der Prostituierten genauso wie seinen Peinigern. Und ist Jesus nicht auferstanden? Der schönste Grund jedoch, warum Vergebung Sinn ergibt, ist, dass das Leben mir dann *automatisch* alle meine Vergehen auch verzeihen wird. Ich verzeihe (Ursache) und mir wird verziehen (Wirkung). Das ist doch was, oder nicht? Im Jakobusbrief lesen wir dazu: „Wer einen Sünder von seinem Irrweg abbringt, rettet ihn vor dem Tod und macht viele eigene Sünden gut" (Jakobus 5.20). Nicht, dass wir jetzt auf den Gedanken kommen, nach jeder schlechten Tat um Vergebung zu bitten, damit uns aufs Neue verziehen wird. So läuft es nun ganz und gar nicht. Wir wissen ja jetzt, dass eine Haupteigenschaft des göttlichen Geistes die Selbstbeherrschung ist! Auf Dauer wird uns so eine Geisteshaltung selbstverständlich vernichten, weil wir das schöpferische Prinzip missbräuchten. Wir handelten dann selbstsüchtig, und was wir säen, das ernten wir.

Wir alle kennen das nur zu gut: jemand sagt etwas, und wir sind verletzt. Wir sagen etwas, und der andere ist verletzt. Auf der einen Seite sind Menschen, die sich hinter ihrem Wissen oder ihrer Macht verstecken und unberührbar daherkommen, auf der anderen Seite sensible oder authentische Menschen, alle aber werden sie andauernd verletzt und verletzen. Die einen zeigen die Folgen der Verletzung, die anderen schlucken sie hinunter.
Nur eine einzige Aussage kann uns den gesamten Tag versauen. Der Ehemann verletzt seine Ehefrau, die Ehefrau ihre Mitarbeiterin, die Mitarbeiterin ihren Chef, der Chef seinen Geschäftspartner, der Geschäftspartner seinen Sohn, der Sohn seine Lehrerin, und die eine Nation die andere Nation. Das Ergebnis ist Krieg, Fremd- oder Selbstzerstörung.
Willkommen im Leben! Dass das passiert ist offensichtlich unumgänglich, deshalb ist es normal. Wie wir aber darauf reagieren, das liegt allein in unseren Händen und bestimmt unsere Lebensqualität. In den meisten Fällen wollte der, der verletzt, gar nicht verletzen, und die, die verletzt wurde, auch gar nicht

verletzt werden. Menschen, die positives Denken praktizieren, haben das erkannt und vergeben umgehend.
Es ist nun einmal eine Tatsache, dass wir Menschen uns immer wieder verletzen; oft unbewusst und ungewollt, und dennoch haben diese Verletzungen, solange sie nicht aufgearbeitet werden, langfristig gesehen desaströse Auswirkungen. Deshalb sagte Jesus, dass der Mensch sieben mal siebzig Mal verzeihen solle. Ohne auf die Zahlensymbolik näher eingehen zu wollen, lässt diese Aussage klar und deutlich erkennen, dass die Vergebung die größte Herausforderung in unser aller Leben ist. Und dennoch bleibt es dabei: Ohne Vergebung keine Heilung und keinen dauerhaften Frieden! Wer sich oder anderen nicht vergeben kann oder will - aus was für Gründen auch immer - der wird auch nicht nachhaltig geheilt und dessen Gebete werden auch nicht beantwortet. So einfach ist das!

Gottes Sprache, unsere Intuition

Ich habe die Sätze Jesu so interpretiert, wie sie die moderne Metaphysik der Neugeistbewegung lebt und praktiziert. Was ist nun die Schlussfolgerung? Was ist die Quintessenz? Was ergibt sich daraus für uns Menschen?
Nicht nur diese Bibelstelle, sondern offensichtlich die gesamte Bibel ist ein einziges Versprechen Gottes an uns, dass er uns liebt und uns *alle* Wünsche erfüllt, wenn wir nur seine Allmacht und Allgegenwart im Universum (an)erkennen würden. Wenn wir erkennen würden, dass die einzige Macht die Bewegung unserer Gedanken ist. Wir haben ein Versprechen erhalten, ein Geschenk. Nun ist es aber die Aufgabe des Beschenkten, das Geschenk auch anzunehmen.

Gott hat den ersten Schritt eingeleitet. Wir sind aufgefordert, den zweiten zu machen.

Erst wenn wir den zweiten Schritt vollbringen und das Geschenk annehmen, erst dann kann Gott den dritten, die Erfüllung unserer Herzenswünsche - solange sie im Einklang mit Gottes Eigenschaften sind -, einleiten. Und wieder sind wir bei der magischen Zahl Drei! In manchen Fällen erhält man ein Geschenk sofort, in anderen Fällen erhält man die Ankündigung eines Geschenkes. In beiden Fällen aber bin ich derjenige, der es annehmen muss. Wenn mein leiblicher Vater seine Hand mit 100 Euro darin ausstreckt und sagt: „Hier, mein Sohn, die schenke ich dir, weil ich dich liebe", wie dumm müsste ich dann sein, das Geld nicht anzunehmen? Wäre dann eine enttäuschte Haltung meines Vaters nicht nachvollziehbar? Oder andersherum: Meine Mutter rief einst an und sagte mir, dass ich ihr Auto haben könnte, dass sie es mir schenkt. Die Übergabe dauerte aber noch ein paar Wochen. Meine Mutter hatte mir ein Geschenk gemacht, weil sie mich liebt. Ich nahm das Geschenk dankend an. Ich besaß das Auto bereits, obwohl es noch nicht vor meiner Tür stand. Dieses Gefühl, das ich nun hatte, etwas zu besitzen, das noch nicht sichtbar ist, das ist der zweite Schritt, den wir gehen müssen, um das Unsichtbare sichtbar werden zu lassen.

Wenn wir beten, wissen wir, dass wir das Geschenk bereits erhalten haben - es ist mit unseren physischen Augen nur noch nicht zu sehen. Sie, ich und der Rest der Welt sind aufgefordert, den zweiten Schritt zu machen. Ansonsten werden wir keine Erfolge beim Beten erzielen. Warum sollte ich meinen leiblichen Eltern mehr vertrauen, als unser aller Schöpfer? Denken wir immer daran: Das Geschenk und der Schenkende sind ein und dasselbe!

Nun kommen wir zu der Intuition, von der ich anfangs gesprochen hatte. Jedes Lebewesen in diesem Universum ist direkt mit seinem geistigen Schöpfer verbunden, genauso wie der Embryo durch die Nabelschnur mit seiner leiblichen Mutter verbunden ist. Der Embryo könnte ohne diese Verbindung nicht leben. Der Embryo ist sich aber über diese Verbindung nicht bewusst. Wir sind und bleiben geistige Embryos, wenn wir nicht den *bewussten Entschluss* fassen, unser Verhältnis zu Gott anzuerkennen. Sobald wir das aber tun, beziehungsweise sobald wir wirklich das erste Mal den Unendlichen Geist um Hilfe bitten, wird in unserem Innern eine Wandlung stattfinden. Wir haben sozusagen durch unseren Entschluss die unsichtbare geistige Welt berührt. Wir vernehmen auf einmal ein Gefühl, das uns drängt, etwas zu tun, das wir zuvor nie im Leben getan hätten. Eine Art innere Stimme, die zwar schon immer anwesend war, die wir aber nicht hören konnten. Die Stimme Gottes in uns - unsere Intuition. Wenn wir uns selbstsüchtig verhalten, dann ist die laute Stimme in unseren inneren Dialogen die Stimme unserer Begierden und unseres zweifelnden Verstandes. Die leise Stimme irgendwo im Hintergrund die Stimme Gottes. Das ändert sich diametral, sobald wir uns für die Eine Macht im Universum - in unserem inneren Universum, in unserem Bewusstsein - entschieden haben. Die leise Stimme Gottes wird dann zu der lauten Stimme in uns, zu unserer Intuition, zu unserem Kompass und Wegweiser hin zum beantworteten Gebet. Das ist der alleinige Grund, warum ich damals in den unscheinbaren Buchladen im Düsseldorfer Hauptbahnhof gegangen war. Ich hatte ihn zuvor noch nicht einmal wahrgenommen! Ich wusste bis zu jenem Tage noch nicht einmal von seiner Existenz, obwohl ich jeden vorherigen Tag an ihm vorbei gegangen war!

Wir müssen darauf vorbereitet sein, dass in dem Moment, in dem wir uns für die unendliche Intelligenz entscheiden oder sie erstmals um Hilfe bitten, unsere alten Entschlüsse und Einsichten zum Teil keine Gültigkeit mehr haben werden. Das wird am Anfang schmerzen. Dieser Schmerz ist aber nur der Schmerz unserer zweiten Geburt. Die Wiedergeburt, von der Jesus gesprochen hat. Gehen wir durch diesen Schmerz einfach hindurch. Lassen wir uns nicht beirren. Auch, wenn wir große Angst bekommen. Unser zweifelnder Verstand stirbt! Die Angst gepaart mit dem Zweifel sind seine einzigen Werkzeuge! Er wird kämpfen, um am Leben zu bleiben. Es ist letztendlich nur eine Illusion, die sich auflöst. Segnen wir unseren zweifelnden Verstand und gehen wir weiter. Gehen wir durch diese Geburt mit derselben Einstellung, die jede schwangere Frau auf dieser Erde hat. Keine werdende Mutter kann den Vorgang der Geburt abbrechen. Sie weiß, es wird schmerzen, aber sie will das Baby! Wenn wir durchhalten, werden wir definitiv unseren neugeborenen vertrauenden Verstand in unseren Händen halten und lachen! Jetzt wissen wir, dass Gott existiert. Jetzt wissen wir, dass es keine Schöpfung ohne einen Schöpfer gibt, dass es keinen Traum ohne einen Träumer gibt. Jetzt wissen wir, dass Gott in unserem Bewusstsein wohnt. Dass unser Bewusstsein

Gott ist, den wir die ganze Zeit gesucht haben. Jetzt fühlen wir uns das erste Mal im Leben befreit. Wir fühlen eine Ruhe, die wir schon immer kannten, jedoch vergessen hatten. Die Ruhe Gottes in uns. Ruhe, resultierend aus unserer Erkenntnis, dass die einzige Macht die Bewegung unserer Gedanken ist. Weil absolut alles geistig beziehungsweise spirituell beziehungsweise mental ist. Wir erkennen, dass wir ein wohlbehüteter Gedanke im Geist Gottes sind. In der Bibel lesen wir dazu: „Anfangs führt dich die Weisheit auf gewundenen Pfaden. Sie erschreckt dich so sehr, dass du Angst hast weiterzugehen. Ihre strenge Erziehung ist eine Qual für dich. Mit ihren Forderungen stellt sie dich so lange auf die Probe, bis sie dir völlig vertrauen kann. Dann aber kommt sie auf dem geradesten Weg zu dir, enthüllt dir ihre Geheimnisse und erfüllt dich mit Freude" (Sirach 4.17-18).

Egal, was wir Menschen in unserem Leben auch angerichtet haben, wir können zu jedem Zeitpunkt umkehren. Gott hat uns von vorne herein verziehen. Ein Gesetz kann nicht nachtragend sein - das ist unmöglich! Wir rufen das Gesetz der Vergebung an und alles Vergangene ist ausgelöscht. Das ist Liebe. Denken wir immer daran: Gott, die unendliche Intelligenz des Universums, ist Liebe - nicht mehr und nicht weniger. Und die Liebe ist das Gesetz! Diese Tatsache ist die wahre Bedeutung hinter Jesus Gleichnis vom verlorenen Sohn. Wenn wir umkehren, wenn wir uns in Richtung Gott aufmachen, wenn wir uns entscheiden, nur noch über das Gute, Wahre, Schöne und Edle nachzusinnen, wird das Universum uns mit offenen Armen ein Festmahl bereiten, so wie wir es wahrscheinlich noch nie erlebt haben. Gott sehnt sich nach unserer Liebe! Wie sollte das auch anders sein? Wir sind seine geistige Schöpfung. Wir waren schon immer seine Kinder, sind und werden seine Töchter und Söhne immer bleiben. Deshalb sagte Jesus: „Kehrt um und tut Buße, denn das Reich Gottes ist nahe!" Umkehren heißt, unsere Aufmerksamkeit auf die Wahrheit, dass wir mentale Schöpfungen im Geist Gottes sind, zu richten. Buße tun heißt, dass wir unsere vergangenen Fehler, welcher Art auch immer, annehmen, akzeptieren, bereuen und somit verarbeiten. Gott liebt uns. Amen!

Kapitel Vier - Abschließende Bemerkungen

Der kollektive menschliche Geist

Zusammenfassend können wir nun sagen: Unser Universum ist spiritueller Natur. Das Wort „spirituell" kommt aus dem Lateinischen und bedeutet geistig. Dieser universelle Geist ist alles, was ist. In diesem Geist fristen wir als seine mentalen Schöpfungen unser Dasein. Die Materie und auch die Energie, die letztendlich die Materie ist, können keinen eigenen Willen besitzen. Der menschliche Körper kann ohne den dazugehörigen lebendigen Geist nichts von sich aus verrichten. Der Wille, der hinter allen Manifestationen steht, ist der Gedanke innerhalb des universellen Geistes. Gottes Wort! Der Gedanke an sich ist keine Materie, er ist rein geistiger beziehungsweise mentaler Natur. Somit ist die Ursache aller Ursachen der Gedanke. Daraus folgt, dass der universelle Geist ein denkender Geist ist. Dieser denkende Geist ist Unendlich Intelligenter Geist. Erst wenn der Geist einen Gedanken annimmt, wenn er sich mit dem Gedanken identifiziert, wird der Gedanke zur Energie, zum Grundbaustein aller Manifestationen. Daraus folgt, basierend auf der Dreifaltigkeit des Geistes, dass unsere Gedanken schöpferisch sind. Und basierend auf dem Gesetz von Ursache und Wirkung führen gute Gedanken zu guten Erfahrungen und schlechte Gedanken zu schlechten Erfahrungen. Durch unsere Willenskraft können wir unser Denken kontrollieren, wir können es bewusst steuern. Unsere Gedanken bestimmen somit unsere Zukunft! Das ist der Grund, warum die Bibel sagt, dass der Mensch erntet, was er gesät hat.

Das Universum ist mental! Deshalb können wir unsere Probleme auch *nur* mental lösen!

Der kollektive menschliche Geist, von dem ich anfangs gesprochen hatte, ist einfach ausgedrückt die Summe und das Ergebnis aller Gedanken und Gefühle aller Menschen auf diesem Planeten. Dass dieser kollektive menschliche Geist eher negativ als positiv ist, beweisen die täglichen Nachrichten. Zweifel, Sorgen, Ängste, Unsicherheiten, Aberglaube, Neid,

Glaube an Krankheit, Konkurrenzdenken, Perversionen, Kriege, Mobbing, Gier und noch mehr sind im kollektiven Geist vordergründig. Wir Menschen sind davon umgeben und durchdrungen. Wir denken nicht nur unsere eigenen Gedanken, sondern auch fremde Gedanken, die in uns eindringen können. Tantra sagt dazu: „Wir sind von einer „Nu" - Sphäre umgeben, einer Gedankensphäre. Genau wie von der Luft werden wir auch überall von Gedanken eingehüllt, und die dringen von sich aus in dich ein. Das hört erst dann auf, wenn du voll bewusst geworden bist. Und das nicht ohne Grund, denn je bewusster du wirst, desto weniger können sich die Gedanken halten, sie schmelzen einfach, weil Bewusstheit eine stärkere Energie ist als das Denken." Die Bibel sagt dazu: „Richtet eure Gedanken nach oben *(zur göttlichen Bewusstheit)* und nicht auf die irdischen Dinge *(der kollektive menschliche Geist)*" (Kolosser 3.2). „Du, Herr *(göttliche Bewusstheit),* bist mein Hirte, darum kenne ich keine Not" (Psalm 23.1).

Ist es Ihnen nicht auch schon des Öfteren passiert: Sie waren guter Laune; Sie haben gesungen und den wunderschönen Tag einfach nur geliebt? Auf einmal kommt ein pessimistischer mit Sorgen gequälter Mensch in Ihre Nähe. Meinetwegen ein Freund von Ihnen. Nach einer gewissen Zeit mit diesem Menschen ist Ihre gute Laune wie weggeblasen. Sie verabschieden sich von ihm, und nun tragen Sie seine Launen und Gedankensphäre mit sich herum. Jetzt geht es Ihnen nicht mehr gut.

Genau das kann auch passieren, wenn wir uns mit fröhlicher Stimmung in die U-Bahn neben einen deprimierten fremden Menschen setzten. Wir steigen drei Stationen später aus und fühlen uns nicht mehr so gut. Wenn wir unbewusst sind, passieren solche Sachen, schließlich sind wir alle auf unterbewusster Ebene miteinander verbunden. Deshalb mahnte Jesus: „Wachet und betet!" Wir können auch sagen: „Seid wachsam und denkt positiv."

Phineas Parkhurst Quimby, ein Geistheiler, der im 19. Jahrhundert lebte und unzählige Menschen von allen möglichen Krankheiten befreite, behauptete von sich, die „Methode Jesu" anzuwenden. Beim Studium seiner Tagebücher wird man das kaum bestreiten können. Quimby gilt als *der eigentliche* Vorreiter des positiven Denkens, als der Vater der Neugeistbewegung. Bevor er sich ausschließlich den Heilungen hingab, beschäftigte er sich mehrere Jahre eingehend mit der Hypnose. Als Hypnotiseur arbeitete er mit seinem engen Vertrauten Lucius Burkmar zusammen. Letzterer war ein Medium, der sich Quimby hingab. In den unzähligen Sitzungen, die sie miteinander verbrachten, gelangten beide zu der Überzeugung, dass die geistigen Sphären der Menschen miteinander vermischt sind. Sie stellten fest, dass sich Gedanken und Gefühle von einem Menschen auf den anderen übertragen. Quimby umschrieb dieses Phänomen als „Das Psychische Meer", in dem wir alle unser Dasein haben.

Wir werden somit in dreierlei Hinsicht von Gedanken beeinflusst. Erstens, durch unsere spontanen bewussten Gedanken. Die Welt ist das, was wir von ihr denken! Zweitens, durch unsere vergangenen Erfahrungen und den einhergehenden Überzeugungen, die jetzt in unserem Unterbewusstsein leben, die wir nicht mehr wahrnehmen und uns trotzdem beeinflussen, zumeist in Form von Gefühlen. Drittens, durch den kollektiven menschlichen Geist.

Was kann uns nun gegen diese Beeinflussung helfen? Die Antwort ist: Bewusstheit! Das Bewusstsein, dass es so ist. Denn je bewusster wir werden, umso näher kommen wir an Gottes Bewusstsein heran, welches das Universum lenkt und aus ewiger Freude und Liebe besteht. Gottes Bewusstsein ist unendlich viel mächtiger als unser individuelles und das kollektive menschliche Bewusstsein. Es löscht alles Negative langsam aber sicher aus. Das Negative rennt weg! Denn Gottes Bewusstsein ist durch und durch positiv. Denken wir immer daran: Satan ist ein Nichts, der versucht zu sein! Um in Zukunft zu vermeiden, dass negative Gedanken in unser Unterbewusstsein sinken, müssen wir Hier und Jetzt regelmäßig und diszipliniert das denken und fühlen, was wir erreichen und erleben wollen, und nicht umgekehrt. Somit programmieren wir das Unterbewusstsein langsam aber sicher um. Die Werkzeuge dazu sind das wissenschaftliche Gebet, Meditation, Kontemplation und positive Affirmationen. Affirmationen sind lebensbejahende Aussagen über uns und unsere Umwelt. Eine sehr, sehr starke Affirmation, die einen Schutzwall um uns errichtet, ist die aus dem Kapitel „Unser Wille und Gottes Wille":

„Ich bin Liebe, Freude, Frieden, Geduld, Freundlichkeit, Güte, Treue, Nachsicht und Selbstbeherrschung."

Wenn wir uns diese Worte zu Eigen machen, wenn wir sie verinnerlichen, wenn sie in unser Unterbewusstsein sinken, wenn sie entsprechende neuronale Netzwerke bilden, dann müssen wir wahrlich im Einklang mit der göttlichen Matrix sein. Wenn das dann so ist, was kann uns dann noch passieren? Wer kann uns dann noch bedrohen?
Dr. Joseph Murphy weist in all seinen Büchern immer wieder darauf hin, wie wichtig es ist, uns mindestens ein bis zweimal täglich für ein paar Minuten zurückzuziehen und uns mit den Wahrheiten Gottes zu identifizieren beziehungsweise aufzuladen. Wir kreieren dadurch einen unsichtbaren Schutzmantel um uns herum, durch den die negativen Gedanken des psychischen Meeres nicht mehr in uns eindringen können. Jesus hat sich ständig im meditativen Gebet befunden. Das machte ihn so stark, und wir können das ebenfalls. Denken wir immer daran: Der wachsame, lebensbejahende und regelmäßig betende Geist ist vor allem Unheil geschützt. „Auch wenn tausend neben dir sterben und zehntausend rings um dich zugrunde gehen - dich selber wird es nicht treffen." (Psalm 91.7).
Was ist mit den Gedanken des kollektiven menschlichen Geistes? Wie werden wir sie wieder los, wenn sie sich bereits in unserem Geiste eingenistet und Wurzeln geschlagen haben und uns negativ beeinflussen? Tantra und der Zen-Buddhismus geben uns sehr weise Antworten darauf. Erstens, wir benutzen nicht unseren Willen! Tantra sagt: „Wenn du einen Gedanken zum Anhalten bringen willst, dann geht es nicht. Im Gegenteil, die Energie, die du darauf verwendest, kommt dem Gedanken zugute, die bloße Energie, ihm auszuweichen, schenkt ihm nur noch mehr Beachtung." Zweitens, werden wir uns darüber bewusst, dass diese Gedanken nichts anderes als vorüberziehende Wolken am Himmel unseres Geistes waren, dass sie ursprünglich wurzellos waren und erst in dem Moment Wurzeln schlugen, als wir uns mit ihnen identifizierten. Der kollek-

tive menschliche Geist war nämlich schon anwesend, bevor wir geboren wurden! Tantra sagt: „Der Geist ist deswegen zum Problem geworden, weil du die Gedanken so tief in dich hast eindringen lassen, dass du völlig die Distanz zu ihnen verloren hast, dass du vergessen hast, was sie sind: Besucher, die kommen und gehen." Wenn man sich dessen bewusst wird, hat man den größten Schritt hin zur Befreiung von geistigen Zwängen gemacht. Beobachten wir diese vorüberziehenden Wolken einfach nur, und wir werden die erstaunliche Erkenntnis machen, dass sie weiterziehen. Alle unsere Gedanken und Gefühle werden sich auflösen, wenn wir sie als stiller Zeuge einfach nur beobachten. Ohne sie zu beurteilen. Das ist sehr wichtig! Wir dürfen diese Gedanken nicht beurteilen. Weil wir uns durch unser Urteil mit ihnen automatisch identifizieren und sie somit Wurzeln schlagen werden. Das Problem ist die Identifikation! Identifizieren wir uns mit ihnen (Ursache), werden sie in unserem Geiste Wurzeln schlagen (Wirkung).

Die Gedanken, die bereits Wurzeln geschlagen haben, entwurzeln sich wieder, indem wir sie auch wiederholend und urteilslos beobachten. Zwangsläufig gelangen wir zu der Erkenntnis, dass wir nicht unsere Gedanken sind. Wir sind die, die unsere Gedanken beobachten! Das ist eine wichtige Erkenntnis und somit eine wichtige Vorstufe hin zur Gedanken- und Gefühlskontrolle.

Warum bin ich auf diese Zusammenhänge eingegangen? Weil sie uns helfen werden, unsere Gebete schneller beantwortet zu bekommen. In all den Jahren haben sich Zweifel über Zweifel in unserem Geiste eingenistet. Nicht nur unsere eigenen Zweifel, sondern auch die Zweifel des kollektiven menschlichen Geistes. Genau diese Zweifel sind es aber, die wir laut Jesus beim Beten nicht pflegen sollen. Wir wissen ja jetzt, dass Zweifeln das Gegenteil von Vertrauen ist. Es sind die beiden Pole ein und desselben Phänomens. Genau diese Zweifel werden aber in dem Moment, in dem wir sagen „Ich vertaue!" gemäß dem Prinzip der Polarität vorübergehend riesengroß.

Was sind denn unsere Zweifel letztendlich? Genau, es sind Gedanken! Nichts anderes! Ich hoffe, Sie verstehen jetzt, worauf ich hinaus will. Wir dürfen unsere Zweifel nicht bekämpfen! Denn wir wissen ja jetzt, dass das, was wir bekämpfen beziehungsweise worüber wir nachsinnen, größer und in unseren Erfahrungsbereich gezogen wird. Wir dürfen unsere Krankheiten nicht bekämpfen, weil sie dadurch schlimmer werden können. Wenn wir das, was ist, bekämpfen, werden wir den Kampf verlieren. Wir müssen das, was ist, annehmen. Es ist das andere Ende von dem, was wir wollen. Durch Kampf lenken wir unsere Aufmerksamkeit genau auf das, was wir nicht wollen. Wir beschäftigen uns dann nämlich mit den Symptomen. Die Heilung beginnt aber nicht bei den Symptomen, sondern bei der Ursache. Die Symptome sind nur die Wirkung. Der Hauptgrund, warum viele Menschen scheitern, ist, dass sie sich eingehend mit ihren Symptomen beschäftigen, anstatt neue Ursachen zu pflanzen, die zweifellos neue Wirkungen hervorbringen würden.

Durch Annahme - nicht Identifizierung! - ziehen wir diese Aufmerksamkeit zurück und können sie für *das* nutzen, was wir eigentlich wollen, nämlich das andere Ende ein und desselben Phänomens! Unsere Aufmerksamkeit bestimmt, in welche Richtung unsere schöpferische Energie fließt. Es ist also nichts Falsches daran, unsere Aufmerksamkeit auf das zu richten, was wir uns wünschen (Beten), aber wir dürfen alle anderen im Gegensatz zu unserem Gebet auftretenden Gedanken (Sorgen und Zweifel) nicht bekämpfen, bzw. unterdrücken. Das gilt auch und insbesondere für unsere Symptome. Wir nehmen sie an, gehen locker und gelassen mit ihnen um, weil wir ja jetzt wissen, was sie sind. Das ist der wahre Grund hinter Jesus Aussage: „Wenn dich einer auf die rechte Backe schlägt *(wenn die Opposition kommt)*, dann halte ihm auch die linke hin *(nehme sie an und akzeptiere sie)*." (Matthäus 5.39). Kampf bedeutet Druck, und Druck erzeugt grundsätzlich Gegendruck. Das ist eine wissenschaftliche Tatsache.

Thorwald Dethlefsen umschreibt das ganze mit einer Wand. Wenn wir gegen eine Wand drücken, drückt diese Wand mit demselben Gewicht zurück. Egal, wie sehr wir uns auch anstrengen mögen, die Wand drückt mit demselben Gewicht zurück, und wir werden letztendlich kapitulieren!

Zwischenmenschliche Beziehungen

Unsere Mitmenschen sind das, was wir über sie denken! Unsere Mitmenschen behandeln uns so, wie wir über sie denken. In seiner Bergpredigt betont Jesus: „Behandelt *(Denkt über)* die Menschen so, wie ihr selbst von ihnen behandelt werden wollt – das ist alles, was das Gesetz *(Wechselwirkung zwischen Bewusstsein und Unterbewusstsein)* und die Propheten fordern" (Matthäus 7.12). Selbstverständlich ist auch diese Verhaltensregel kein Dogma oder eine einschüchternde Regel. Sie ist lediglich die Quintessenz aus all dem, was wir bis hier hin gelernt haben. Sie ist wieder ein spirituelles Geheimnis, ein alchemistischer Trick. Sie ist die logische Ableitung der beiden wichtigsten Gebote, welche wir von Jesus mitbekommen haben. Sie ist die berühmte goldene Regel.
Bevor ich näher darauf eingehe, möchte ich Ihnen an dieser Stelle meinen persönlichen Standpunkt mitteilen. Es ist nur allzu normal, dass man sich mit einigen Menschen nicht versteht. Das hat letztendlich mit der geistigen und seelischen Entwicklung der Individuen zu tun. Wenn man nicht die gleiche Wellenlänge hat, dann hat man sie nicht. Jesus hat nirgends behauptet, wir müssen uns zwingen, mit allen Menschen zurechtzukommen. Auch Jesus ist zornig geworden; auch Jesus hat sich hier und da mal aufgeregt! Das ist nur allzu menschlich. Es ist also völlig vernünftig, sich nicht mit Menschen abzugeben, mit denen man sich auf geistig-seelischer Ebene nicht versteht. Es ist ebenfalls völlig in Ordnung, seine eigene Meinung zu vertreten. Das hat etwas mit persönlicher Integrität zu tun. Vertreten heißt aber nicht, sie anderen aufzuschwätzen.
Was wir jedoch über andere *denken*, ist ein ganz anderer Punkt. Jesus meint hier also etwas ganz anderes! Bei all unseren Erfahrungen hier auf Erden, bei all unseren Wünschen, Plänen und Zielen, bei absolut allem, sind wir immer auf unsere Mitmenschen angewiesen. Wir kommen nicht drum herum, uns mit uns selbst und mit unseren Mitmenschen auseinander zusetzen. Jeder Erfolg, sei er beruflich oder privat, hängt letztendlich von unseren zwischenmenschlichen Beziehungen ab. Die zwischenmenschlichen Beziehungen sind das A und O zu allem Weiteren in unserem Leben. Wenn uns das nicht passt,

dann müssen wir uns abschotten, zurückziehen, uns verkriechen. Das wird uns zweifellos in unserer Entwicklung nicht weiterbringen.

Absolut jeder Mensch ist ein Ausdruck Gottes, ein Ausdruck des Lebens. Alles ist ein Ausdruck Gottes. Der weise Mensch versteht die „blöden" Bemerkungen der anderen als die Wirkungen ihrer Unbewusstheit. Der andere weiß letztendlich nicht, was er sagt.

Wenn wir einen Menschen beschimpfen, dann beschimpfen wir von der absoluten Sicht aus betrachtet Gott. Schließlich ist alles Eins. Das hat Jesus und vorgelebt. Jesus hat uns darüber hinaus vorgelebt, dass unser Urteil, welches wir über andere fällen, auf uns zurückkommt. Der Grund dafür ist wieder einmal das Gesetz von Ursache und Wirkung unseres eigenen Geistes. Wir können einfach keinen langfristigen Erfolg in unserem Leben erwarten, wenn in unserem eigenen schöpferischen Geist existenzverneinende Überzeugungen herumschwirren. Sie werden wachsen und letztendlich uns selbst vernichten.

Denken wir immer daran: wir sprechen durch unser Urteil ein Gebet. Jedes Urteil ist die Summe aus Wille und Gefühl! Ist dieses Urteil negativ, dann wird es zu einem gefährlichen Zündstoff, der dem Urheber zweifellos schadet. Deshalb sagte Jesus in derselben Bergpredigt: „Denn euer Urteil wird auf euch zurückfallen, und ihr werdet mit demselben Maß gemessen werden, das ihr bei anderen anlegt" (Matthäus 7.2). Auch diese Aussage ist keine Drohung und kein Dogma. Sie ist die logische Schlussfolgerung aus dem in uns befindlichen schöpferischen Prozess. Dieser Prozess ist ein Naturgesetz, das geistige Gesetz von Ursache und Wirkung. Wenn ich nun ein Gesetz kenne, dann sollte es doch ein leichtes sein, dieses Gesetz zu meinem Vorteil zu gebrauchen anstatt zu meinem Nachteil.

Das Objekt, auf das sich unser Nachsinnen richtet, spielt dabei keine Rolle; unser Unterbewusstsein registriert nur das Nachsinnen an sich. Ist es negativer und destruktiver Natur, so wird es letztendlich nur uns selbst schaden müssen, da wir es sind, die diese negativen Gefühle in *unserem* Geiste hegen. Unser individueller Geist ist in unserem Leben alles, was ist.

Bei denjenigen, die sich mit den spirituellen Gesetzen nicht auskennen, kann der Bumerang-Effekt ihrer Urteile auf sich warten lassen; nichtsdestotrotz wird er eintreten, früher oder später, und oft in Situationen, die rein äußerlich gesehen nicht im Zusammenhang mit der Ursache stehen. Je mehr wir uns aber mit den spirituellen Gesetzen auskennen, desto schneller reagieren diese Gesetze auch. In dem Maße, in dem wir uns auf Gott zubewegen, bewegt sich Gott auf uns zu. Denken wir immer daran: Das Universum ist zwar unendlich intelligent, aber das universelle Unterbewusstsein versteht leider keinen Spaß! Es kann nicht abwägen! Es ist ein Gesetz! Deshalb ist das oberflächliche Lästern neben der Selbstverurteilung eines der gefährlichsten Mentalgifte überhaupt.

Niemand, der das Gesetz der Elektrizität verstanden hat, steckt zwei Finger in die Steckdose. Warum stecken wir Menschen immer wieder unsere Finger in die Angelegenheiten anderer? Warum wollen wir immer wieder andere korrigieren, obwohl wir selbst nur Halbweise sind? Das ergibt keinen Sinn. Lieben wir erst uns selbst und dann die anderen! Wenn wir anderen Menschen wirklich helfen wollen, dann müssen wir in dem Anderen das *sehen*, was ihm weiterhilft. Wenn irgendjemand etwas Mutiges vorhat, dann ist ihm und auch mir nicht damit geholfen, meinen Zweifel auf ihn zu projizieren. Mein Zweifel ist letztendlich ein negatives Gebet, das ich spreche und auf den anderen übertrage, solange Letzterer sich nicht über die spirituellen Zusammenhänge bewusst ist. Das ist der Grund, warum man bei Eltern immer wieder die überhebliche Aussage hört: „Siehst du, ich hab's dir doch gesagt!" Das Missgeschick ihrer Kinder ist allerdings nicht unbedingt das Ergebnis der hellseherischen Fähigkeiten der Eltern, sondern vielmehr die Zweifel der Eltern, welche sich unterbewusst auf ihre Kinder übertragen und in deren unerfahrenen Gemüter negative Wirkungen auslösen.

Es ist von unermesslicher Wichtigkeit, sich aus den Problemen anderer herauszuhalten, solange sie einen nicht um Hilfe bitten. Wir sollten stattdessen lieber ein perfektes Bild von ihnen in unseren Herzen tragen, so wie Jesus den göttlichen Plan in sich trug. Das bewirkt etwas Positives. Alles andere ist zwangsläufig zum Scheitern verurteilt. Das heißt natürlich nicht, dass man Menschen in Not nicht helfen soll. „Sei großzügig gegen-

über dem Bedürftigen, lass ihn nicht auf deine Hilfe warten!" (Sirach 29.8)
Ich möchte dieses Thema mit den Worten Dr. Joseph Murphys abschließen: „,Alles, was wir unseren Mitmenschen schulden, ist Liebe', sagte der heilige Paulus, und Liebe ist die Erfüllung des Gesetzes der Gesundheit, des Glücks und des inneren Friedens. Liebe besteht in nichts anderem als darin, jedem dasselbe zu wünschen, was Sie selbst sich erträumen: Gesundheit, Glück und alle Segnungen des Lebens."

Natur- und zwischenmenschliche Katastrophen

Alle menschlichen Katastrophen und Naturkatastrophen - mit Ausnahme der geologisch unabwendbaren - sind die direkte Wirkung des vorherrschenden Gemützustandes des kollektiven menschlichen Geistes. Sie sind das Ergebnis der Unwissenheit von der Existenz geistiger Gesetze. Wir leben in diesen Gesetzen. Wir missbrauchen sie leider unwissend. Die Bibel sagt zu dieser Tatsache folgendes: „Alle Geschöpfe, Menschen wie Tiere, haben das gleiche Schicksal; aber die Sünder *(die Unbewussten)* trifft es siebenfach: Tod, Blutvergießen, Streit und Krieg, Katastrophen, Hungersnot, Verwüstung und Seuche. Das alles wurde für die geschaffen, denen das Gesetz Gottes *(das Gesetz der Liebe, das Gesetz von Ursache und Wirkung)* gleichgültig ist. Ihretwegen kam auch die große Flut. Alles, was aus der Erde hervorgegangen ist, kehrt auch in die Erde zurück, so wie alles Wasser ins Meer zurückfließt" (Sirach 40.8-11).
Gott ist Geist. Das Leben ist geistig. Wir können nur durch unseren eigenen von Gott verliehenen Geist das Paradies wiedererkennen. Wir sitzen, stehen und atmen die ganze Zeit in diesem Paradies. Die richtige Anwendung der geistigen Gesetze ist das Paradies. Der Vorhang unserer Unwissenheit hält es jedoch für unser Auge verschlossen.
Keiner, der sich unsere Erde ein bisschen bewusster anschaut, kann behaupten, sie sei nicht das Paradies. Sobald man die Unruhe der großen Städte hinter sich lässt, taucht man ein in die Ruhe der Natur. Jeder Wald mit seinen zwitschernden Vö-

geln, jeder plätschernde Bach, jede schneebehangene Bergebene, jeder Strand mit dem dazugehörigen Rauschen der Wellen, jeder Sternenhimmel sind der lebende Beweis dafür, dass genau diese unsere Erde ein Paradies ist. Dasselbe gilt für unseren Geist.
Hinter jeder Unruhe und hinter jedem Krach liegt die ewige Ruhe des göttlichen Geistes verborgen. Alles Hörbare entspringt der Ruhe. Die Ruhe ist die Quelle von allem. Wir können diese Ruhe in ihrem vollen Umfang nicht begreifen, weil der kollektive menschliche Geist sehr unruhig und negativ aufgeladen ist. Es ist unser menschlicher Geist, der sich hier auf Erden durchsetzt, nichts anderes. Durch die falsche Anwendung des einen großen Gesetzes der Liebe, in dem wir nun einmal unser Leben fristen, ob uns das passt oder nicht, nur durch diese falsche Anwendung geht es den Menschen und der Erde so schlecht, wie es ihnen geht. Das hat Jesus uns gelehrt. Das versah ihn mit so viel Mitleid. Darauf, und nur darauf wollte er uns wohl die ganze Zeit hinweisen. Aber genau die Seelen, die Jahrhunderte auf ihn gewartet hatten, die schlauen Priester und Schriftgelehrten, die Klugredner der damaligen Zeit, genau die haben Jesus bestialisch ermorden lassen. Sie standen direkt vor ihm und haben ihn nicht erkannt. Wir stehen mitten im Paradies und sehen es nicht!
Der kollektive menschliche Geist ist mächtig! Sehr mächtig sogar! Hier auf Erden ist er allmächtig! Er steht im direkten Zusammenhang mit den Naturgewalten. Alles ist eins. Deswegen beeinflusst auch alles Alles. Der kollektive menschliche Geist erntet, was er Jahrtausende gesät hat.
Es ist unmöglich, das Bewusstsein eines Jesus in einem einzigen Leben zu erlangen. Die Seelen der Menschen befinden sich auf dem Weg zurück zum göttlichen Bewusstsein! Sie müssen immer wieder durch neue Erfahrungen wachsen. Wir alle sind wohl schon oft auf diesem Planeten gewesen. Ja, ich glaube an die körperliche Wiedergeburt. (*Anmerkung: Übrigens gibt es auch in der Bibel - sowohl im alten als auch neuen Testament – Aussagen über die Existenz der körperlichen Wiedergeburt. Viele von uns denken ja, das sei ausschließlich ein östliches Phänomen, ist es aber nicht.*) Die Widergeburt macht Sinn, wenngleich ich persönlich das Wissen über die körperliche

Wiedergeburt weit unter dem Wissen der geistigen Gesetze ansetze. Das Wissen, dass mein Geist die Ursache aller Ursachen ist, befreit mich vom karmischen Gesetz, vorausgesetzt ich wende das Wissen konstruktiv an. Das ist meine ganz persönliche Meinung.
Unsere Seelen sind rein geistig, nur unsere Körper sind sterblich. Wir gehen von einer Lektion zur nächsten, bis wir begreifen, dass alles Liebe ist! Dass wir in einem Gesetz leben. Bis wir lernen, dieses Gesetz *bewusst* und diszipliniert positiv zu gebrauchen. Bis wir Jesus' Bewusstsein erlangt haben. Auch die Bibel macht uns auf diesen kosmischen Kreislauf aufmerksam: „Und doch bleibt es dabei: Es gibt nichts Neues unter der Sonne. Was gewesen ist, das wird wieder sein; was getan wurde, das wird wieder getan. „Sieh her", sagen sie, „da ist etwas Neues!" Unsinn! Es ist schon einmal da gewesen. Lange bevor wir geboren wurden. Man weiß nur nichts mehr von dem, was die Alten taten. Und was wir heute tun, oder unsere Kinder morgen, wird man auch bald vergessen" (Kohelet 1.9-11).
Thorwald Dethlefsen drückt dies sehr schön mit den folgenden Sätzen aus: „Das Schicksal sorgt mit unbestechlicher Gerechtigkeit dafür, dass jeder genau das lernt, was er am wenigsten akzeptieren will und wogegen er den größten Widerstand setzt. ... Das Schicksal eines Lebens ist das Resultat des bisherigen Lernprozesses in seiner Gesamtheit". Je schneller wir uns Gottes Liebe und Gesetz bewusst hingeben, umso schneller hört dieser Kreislauf auch auf.
Bei allem Unrecht trägt Gott nicht die geringste Schuld. Wie kann ich jemandem die Schuld geben, wenn ich es bin, der das Geschenk der Liebe nicht annimmt? Auch Gott kann es nicht ändern, dass wir in diesem Gesetz leben, denn nur durch dieses Gesetz seines eigenen Geistes sind wir geschaffen worden. Wir sind *in* diesem kosmischen Gesetz! Wir *sind* das Gesetz!
Oxana und ich wir hatten die Gelegenheit, hier in Berlin den bekannten Fernsehprediger und Doktor der Psychologie Robert H. Schuller in einem Gottesdienst erleben zu dürfen. Auf die Frage, wo Gott sei, wenn Katastrophen passieren, gab er eine wunderschöne Antwort. Gott drückt sich nicht durch die Katastrophen und Leiden aus, antwortete Dr. Schuller, sondern durch die Menschen, die sich aufopfern, den Opfern zu helfen,

in Form von Feuerwehrleuten, Ärzten, freiwilligen Helfern, und so weiter! Solange noch ein Baby geboren wird, fuhr er fort, gibt es keinen Grund für Pessimismus. Das heißt nichts anderes, als dass Gott uns Menschen in jeder neuen Sekunde die Möglichkeit gibt, das Wunder seiner geistigen Schöpfung endlich anzunehmen.
Ganz tief im Innern unseres menschlichen Bewusstseins spüren und wissen wir, dass es so ist. Wir wissen es! Wir haben es nur vergessen. Es gibt nur eine Wahrheit, genauso, wie wir Menschen aus nur einer einzigen Zelle entstanden sind! Wir alle haben ungeheure geistige Kräfte von unserem Schöpfer verliehen bekommen. Wir müssen nur aufwachen und lernen, mit diesen Kräften konstruktiv umzugehen. Die Wahrheit ist, dass wir sie schon die ganze Zeit nutzen, wir wissen es nur nicht. Wir wissen nicht, dass unser Denken so mächtig und die Ursache hinter fast allen Erscheinungen ist. Die meisten von uns nutzen ihr Denken unbewusst. Einige andere nutzen es bewusst. Und es war der geniale Albert Einstein, der sagte: „Probleme kann man niemals mit derselben Denkweise lösen, durch die sie entstanden sind." So einfach ist das. Wir wissen nicht mehr, wer wir sind und was wir können. Der liebe Gott hat uns zu den mächtigsten Wesen hier auf Erden gemacht, ganz nach seinem Bilde. Jede Macht aber verlangt Bewusstsein und Verantwortung.

Liebe Leser und Leserinnen, nun sind wir wieder gelandet. Diese kurze Reise durch den Unendlich Lebendigen Geist ist nun zu Ende. Ich hoffe, sie hat Ihnen etwas gebracht. Jesus hat uns ein Versprechen mit auf den Weg gegeben. Aber sein Versprechen und auch diese meine Erläuterungen sind das, was wir daraus machen. Nicht mehr und nicht weniger.
Wir sind nicht die Opfer irgendeines Täters! Wir sind nur die Opfer unseres eigenen Glaubens. Dasselbe Gesetz, das uns bindet, befreit uns auch! Gott hat uns die Freude und Freiheit schon längst gegeben. Er selber sagt durch Jesus: „Ihr plagt euch mit den Geboten, die die Gesetzeslehrer euch auferlegt haben. Kommt doch zu mir; ich will euch die Last abnehmen! Ich quäle euch nicht und sehe auf keinen herab. Stellt euch unter meine Leitung und lernt bei mir; dann findet euer Leben

Erfüllung. Was ich anordne, ist gut für euch, und was ich euch zu tragen gebe, ist keine Last" (Matthäus 11.28-30). „Und das sollt ihr wissen: ich bin immer bei euch, bis zum Ende der Welt." (Matthäus 28.20)

Praxisbeispiel I

Heilung meiner Kurzsichtigkeit

Meine Erfahrungen sollen motivieren, mit der Umsetzung zu beginnen. Sie sind meine ganz persönlichen Erfahrungen und keine Heil- und Erfolgsversprechen! Was bei dem einen funktioniert, kann bei dem anderen nicht funktionieren. Lassen wir uns trotzdem von niemandem einreden, dass Positives Denken nicht funktioniert. Als ich es vor ziemlich genau zwanzig Jahren erstmalig in die Praxis umsetzte, wurde ich mit einem erstaunlichen Ergebnis konfrontiert.
1994 - damals war ich 25 Jahre alt - bin ich zum ersten Mal auf das Positive Denken aufmerksam geworden. Das war absolutes Neuland für mich. Ein Jahr zuvor wurde bei mir die Diagnose „Kurzsichtigkeit" gestellt. Mein Augenarzt hatte gesagt, dass das so bleiben und im Laufe der Jahre sich eher noch verschlechtern wird. Er riet mir, dauerhaft eine Brille zu tragen. Und in der Tat, alles, was weiter als circa siebzig Meter entfernt war, verschwamm vor meinen Augen. Beim Autofahren musste ich eine Brille tragen, was vom Straßenverkehrsamt in meinen Führerschein vermerkt wurde.
1995 ging ich für ein Jahr zurück in die USA. Dort bin ich auf das Buch „Christus unser Heiler" gestoßen, das die biblischen Heilungen interpretiert und die Zusammenhänge erläutert. Während ich das Buch so las, wusste ich, dass ich das darin Gelesene - und auch das zuvor Gelesene - umsetzen musste. Ich konnte es nicht mehr auf mir sitzen lassen, so etwas zu lesen, ohne es selber ausprobiert zu haben. Ich nahm mir also vor, mich von der Kurzsichtigkeit zu heilen, um zu sehen, was passiert.
Diszipliniert setzte ich mein damaliges geringes Wissen um. Als erstes trug ich meine Brille nur noch beim Autofahren. Als nächstes bastelte ich mir eine Affirmation zusammen, die ungefähr so ging: „Meine Augen sind Gottes Augen. Ich sehe alles klar und deutlich." Diese Affirmation sprach ich jeden Tag unzählige Male innerlich und, wenn's die Umstände zuließen, laut aus. Ich hatte begriffen, dass dieser Satz zu einer inneren Überzeugung werden musste. Ich las das Buch weiter, das

meine Motivation weiterzumachen, aufrecht erhielt (man muss wissen, was man tut und warum man es tut). Dann lernte ich „zufällig" eine alte gläubige und charismatische Frau kennen - ich meine, sie war weit über achtzig Jahre alt gewesen -, die sagte: „Der Glaube versetzt Berge. Du musst es nur glauben." Das war für mich ein erstes Zeichen (das Gesetz der Anziehung).

Die Tage vergingen und nichts geschah. Im Gegenteil: Zeitweise hatte ich das Gefühl, dass sich der Zustand meiner Augen verschlechterte. In dem Buch aber stand immer wieder, dass man nicht wankelmütig werden darf. Ich machte also weiter.

Dann stieß ich auf einen Artikel über die Psychosomatik, in dem ungefähr folgendes stand: „Wenn unsere Augen nicht mehr klar sehen können, stellt sich die Frage, was man in seinem Leben nicht sehen will oder kann." Das schlug ein, wie eine Bombe. Mir wurde bewusst, dass ich in der Tat nicht wusste, wie es in meinem Leben weitergehen sollte. Ich konnte mein zukünftiges Leben nicht sehen. Ich konnte das, was weiter weg lag, nicht sehen!

Die o.g. Affirmation war mittlerweile zu einer Endlosschleife in meinem Kopf herangewachsen. Und dann, ungefähr zwei Wochen, nachdem ich mir all das vorgenommen hatte, saß ich - wie oft zuvor - mit meinen Nachbarn auf deren Veranda. Von dort aus hatte man einen tollen Ausblick hinunter auf die Kleinstadt, deren Lichter am Abend ich grundsätzlich verschwommen sah. Wir unterhielten uns angeregt - wie immer. Wir tranken Bier und hatten eine tolle Zeit. Und als ich zwischendurch meinen Blick beiläufig auf die Stadt und wieder zurück gleiten ließ, gefror mir das Blut in den Adern. Ich schwenkte meinen Blick zurück auf die Stadt und konnte alles klar und deutlich sehen. Wie von einer Tarantel gestochen, lief ich gleich zu meinem Auto, nahm die Brille und tatsächlich: mit der Brille sah ich die Stadt verschwommen, ohne Brille glasklar.

Ein paar Monate später, zurück in Deutschland, ging ich gleich zu meinem Augenarzt, der sichtlich verwundert seine Diagnose „Kurzsichtigkeit" revidieren musste. Er stellte mir ein Attest

für das Straßenverkehrsamt aus, welches den Eintrag im Führerschein rückgängig machte.
Seitdem habe ich mit der Kurzsichtigkeit kein Problem mehr gehabt. Es dauerte aber noch mehrere Jahre, bis ich vollends erkannte, wie großartig diese meine erste Erfahrung mit dem positiven Denken doch gewesen ist. Mein Umfeld war natürlich skeptisch und suchte hartnäckig nach Gründen, warum die Verbesserung meiner Augen nichts mit positivem Denken zu tun gehabt haben konnte. Deshalb machte ich meine Erfahrungen nicht mehr zum Thema. Wenn alles wirklich nur ein Zufall war, so weiß ich heute, dass es das nicht war.

Praxisbeispiel II

Wie die Macht meines Unterbewusstseins meine für geheilt geglaubte Neurodermitis wieder zum Leben erweckte

Folgende Geschichte bewies mir erstmalig, wie mächtig unser Denken und Fühlen ist, und dass es unserem Unterbewusstsein egal ist, ob wir ihm etwas Negatives oder Positives einpflanzen! Gleichzeitig teile ich Ihnen mit, mit welcher geistigen Methode ich die Neurodermitis endgültig besiegte. Meine Erfahrungen sollen motivieren, mit der Umsetzung zu beginnen. Sie sind meine ganz persönlichen Erfahrungen und keine Heil- und Erfolgsversprechen! Was bei dem einen funktioniert, kann bei dem anderen nicht funktionieren.
1982 - damals war ich vierzehn Jahre alt - brach neben einer Reihe von Allergien eine schwere Neurodermitis aus, die mich meine gesamte Jugend und darüber hinaus sehr belastete und einschränkte. Mehrere Jahre litt mein ganzer Körper an einem unvorstellbaren Juckreiz. Teilweise kratzte ich mir die Haut bis auf die Knochen auf. Außer Kortison-Salben gab es keine wirkliche Hilfe. Heute weiß man, dass die Neurodermitis eine psychosomatische Krankheit ist; damals war das noch nicht in aller Munde. Meine Rettung war ein holländischer Arzt, der mir eine zusammengemischte Salbe verschrieb, die so in Deutschland nicht erlaubt war. Also fuhr ich immer zu meiner Oma nach Holland und besorgte mir regelmäßig die Creme.
Zehn Jahre später - im Laufe des Jahres 1992 - bekam ich langsam aber sicher die Neurodermitis einigermaßen unter Kontrolle. Das war während meines ersten Jahres in New York City. Dort war es im Sommer so unerträglich heiß und schwül gewesen, dass ich die Creme einfach nicht auftragen konnte, da ich sie immer wieder ausschwitzte. Ich wurde von den äußeren Umständen gezwungen, mich weniger einzureiben. Und siehe da, die Neurodermitis ging leicht zurück! Seitdem hatte ich immer weniger Probleme mit ihr - nur hin und wieder musste ich meine Haut einreiben. Ungefähr 1994 sah ich mich dann von der Neurodermitis geheilt. Ich brauchte keine Cremes mehr. Genau zu dieser Zeit stieß ich auch auf das Positive Denken.

Weitere fünf Jahre später im Jahre 2000 - damals war ich bereits einunddreißig Jahre alt - ging ich für knapp zwei Jahre zurück nach New York, diesmal auf eine Schauspielschule - auf das Lee Strasberg Institut, welches das legändere Method Acting lehrt. Ziel der Ausbildung ist unter anderem, reale Gefühle in die Rolle einzubauen. Dazu gibt es eine ganze Reihe an Techniken. Eine Technik ist das imaginative Zurückgehen in vergangene Zeiten. Zur Übung wählte ich meine Jugend. In Gedanken ging ich zurück in mein Jugendzimmer, hörte meine damalige Musik und berührte imaginativ Gegenstände, die in meinem Jugendzimmer waren. Und ich kam an einen Punkt, an dem ich glaubte, tatsächlich wieder in der Vergangenheit zu sein. Das war schon fast unheimlich.

Einen Tag später (!) brach mit voller Wucht die Neurodermitis wieder aus! Da ich mich zu jenem Zeitpunkt schon einige Jahre mit der Macht des Unterbewusstseins beschäftigt hatte, war mir recht bald bewusst, was genau geschehen war: Mein Unterbewusstsein hatte geglaubt, dass ich wieder in jener Zeit von Damals war und mir selbstverständlich entsprechende Krankheiten mitgeliefert. Sie können sich sicherlich vorstellen, wie ich mich gefühlt habe. Unser Unterbewusstsein kann zwischen einer eingebildeten und einer realen Situation nicht unterscheiden! Es hält beides für wahr!

Der Teufelskreis begann von Neuem: Jucken, Ausschlag, Kratzen, Kortison, etc. In 2004 - ich war seit längerem zurück in Deutschland - entschied ich mich dann, mich endgültig von der Neurodermitis zu befreien. Ich hatte sozusagen die Schnauze voll! Die Methode, die ich (unbewusst) anwandte, nenne ich heute: die radikale Methode. Mir war damals bewusst, dass der alleinige Grund, warum die Neurodermitis wieder ausgebrochen war, ein radikaler war. Ich hatte nämlich mein Gedächtnis gezwungen, zurück in Zeiten zu gehen, in denen ich eigentlich nichts mehr zu suchen hatte. Also beschloss ich, dasselbe Gesetz positiv anzuwenden.

Zunächst teilte ich meiner damaligen und heutigen Freundin Oxana mit, dass sie Zeugin sein wird, wie ich mich von der Neurodermitis befreie (das ist der Akt des Glaubens, bzw. der festen Zuversicht). Sie können sich sicherlich ihren skeptischen Blick vorstellen. Danach stellte ich mich splitternackt vor meinen Badezimmerspiegel, nahm die Kortison-Salbe in die Hand und sagte zu meinem Spiegelbild: „Liebe Haut, du bist krank, nicht ich. Wenn du krank bleiben willst, dann ist das dein Problem. Ich bin gesund." Danach bedankte ich mich bei meiner Salbe und sagte zu ihr: „Ich brauche dich nicht mehr.", und warf sie demonstrativ in den Mülleimer (das ist der Akt der endgültigen Entscheidung).

Ich war drauf vorbereitet, dass meine Symptomatik schlechter werden könnte (das Gesetz der kurzfristigen Verschlechterung). Ich blieb meiner Entscheidung treu, denn für mich war unwiderruflich klar, dass die Neurodermitis keine Chance mehr haben wird, mich weiter zu belästigen.

Die Symptomatik verschlechterte sich nicht! Und keine drei Tage später lösten sich meine Ausschläge, mein Juckreiz und alle anderen Symptome allmählich auf. Insgesamt eine Woche später war meine Haut vollkommen frei - nicht ein einziger Ausschlag, kein Jucken, nichts. Und das bis heute - elf Jahre später! Sie können sich sicherlich vorstellen, wie froh ich heute bin, dass Oxana meine Zeugin dieser bewusst herbeigeführten Heilung wurde!

Denken wir immer daran: Wer die Vergangenheit nicht in Ruhe lassen kann, den kann die Vergangenheit auch nicht in Ruhe lassen!

Nachwort

WIR SIND das Zentrum unseres Universums, ein Zentrum im göttlichen Bewusstsein; Teil des unendlichen Leben Gottes, verbunden mit allem durch alles; primär mit dem universellen Geist, sekundär mit der universellen Seele und tertiär mit dem Körper Gottes. Jede göttliche Eigenschaft befindet sich nicht nur im Kern unseres Seins sondern in der Essenz von allem, was ist. Eigenschaften, wie Ruhe, Geborgenheit und innerer Frieden sind ewig gültige Rohstoffe der einen Substanz, die unser Leben ausmacht, die Substanz, die alles mit einbezieht und in sich aufrecht erhält. Wir sind die Denker, das Denken, der Gedanke und das Gedachte in dieser geistigen Substanz.

Wir alle sind gänzlich unschuldig, weil es im universellen Geist so etwas wie Schuld nicht gibt. Jede Tat ist das Ergebnis einer anfangslosen Kette von Ursache und Wirkung, einer Kette, die unendlich viele Generationen vor uns begann. Die göttliche Haupteigenschaft ist Liebe und alles muss dementsprechend nach Liebe streben, sich nach Liebe verzehren und aus der Motivation heraus handeln, Liebe zu erfahren.

Wir können eine tiefe Entspannung und Geborgenheit erfahren, ohne dass wir irgendetwas Äußeres oder etwas Geschaffenes hinzufügen müssen. Wir können durch die verschiedenen Emotionen und Energieschichten unseres eigenen Geistes wandern bis an den Punkt, wo wir nichts weiter vorfinden, außer unserem Selbst. Wir können Ruhe, Wärme, Harmonie, Geborgenheit, ewige Leere und Frieden sowohl geistig als auch körperlich spüren. Wir können dies erfahren, indem wir meditieren, indem wir nach Innen kehren, nach Hause gehen. Dort an diesem Punkt in unserer eigenen geistigen Essenz gibt es kein Gesetz von Ursache und Wirkung oder ein karmisches Gesetz. Dort ist alles, dort war alles, dort bleibt alles, was ist; reines Sein, ein Raum ohne die Anwesenheit der irdischen Erfahrung, sozusagen das Tor, die Verbindung zum universellen Geist - reines Gewahrsein.

Diese Wahrheit wohnt in jedem, in allem, sie ist der göttliche Funke, die kleine Flamme tief in uns, die nie erlischt. Sie verbindet uns mit uns selbst und mit dem Rest des Kosmos. Diese Wahrheit ist die Wahrheit von allem und in allem. Die harmo-

nische Beziehung zur irdischen Welt und zur inneren Welt des Geistes und der Seele ergibt sich aus dieser Erkenntnis. Daher der Spruch: „In der Ruhe liegt die Kraft".
Im Gebet, als auch bei allem, was wir tun - sowohl in guten als auch in schlechten Zeiten -, besinnen wir uns immer wieder auf diesen realistischsten Anteil unseres Selbst. Somit haben wir einen Zugang zu allem, was in unserem und dem Leben anderer wichtig ist. Wir denken immerzu an diese unbeschreiblich schöne Ruhe. Auch wenn wir sie nicht hören können, denn das sind wir.

Über den Autor

Christian Fülling wurde 1968 in Dortmund geboren. Er ist studierter Betriebswirt und gelernter Kaufmann, sowie psychotherapeutischer Heilpraktiker und ausgebildeter Schauspieler - mit umfangreichen Berufserfahrungen in allen drei Berufen.
Ausgelöst durch eine tiefe Lebenskrise, beschäftigt er sich mittlerweile seit über zwei Jahrzehnten mit dem Weltbild des positiven Denkens, so wie es in der Neugeistbewegung gelehrt wird. Gleich zu Anfang entdeckte er, dass unser Denken und unsere gesprochenen Worte nicht nur eine direkte Wirkung auf unsere Selbstheilungskräfte, sondern auch auf unsere Lebensumstände haben.
Geprägt in einem Umfeld, das dieses Gedankengut ablehnte, durchlief er viele Hochs und Tiefs, die ihn heute befähigen, sämtliche Tücken und Tricks des praktizierten positiven Denkens zu kennen und an andere weiterzugeben. Darüber hinaus hat er es dem Gedankengut der Neugeistbewegung zu verdanken, heute ein gläubiger Mensch zu sein. Christian Fülling lebt mit seiner Familie in Berlin.

Literaturempfehlungen

Allen, James: „Heile Deine Gedanken", Verlag Alf Lüchow

Atkinson, William W.: „Thought Vibration", 1906 erstmals veröffentlicht

Bailes, Frederick Dr.: "Your Mind can Heal You", DeVorss

Berg, Yehuda: "Die Macht der Kabbalah", Goldmann

Besant, Annie: „Thought Power", A Quest Book

Bosworth, F. F.: "Christus unser Heiler", Missionswerk Karlsruhe

Branden, Nathaniel: „Die 6 Säulen des Selbstwertgefühls", Piper

Bristol, Claude M.: „The Magic of Believing", Pocket Books

Byrne, Rhonda: „The Secret", Goldmann

Coué, Emile: „Autosuggestion", Oesch Verlag

Cramer, Malinda E.: „Divine Science and Healing", Divine Science Federation

Dethlefsen, Thorwald: „Schicksal als Chance", Goldmann

Dispenza, Joe Dr.: „Schöpfer der Wirklichkeit", KOHA-Verlag

Drei Eingeweihte: „Das Kybalion", F. Hirthammer

Dumont, Theron Q.: "The Art and Science of Personal Magnetism" Yogi Publication

Egli, René: „Das Lola-Prinzip", Editions d'Olt Schweiz

Fox, Emmet: „*Die Bergpredigt*", Frick Verlag

Haanel, Charles F.: „*The Master Key System*", Goldmann

Hay, Louise L.: „*Heile Deinen Körper*", Lüchow

Hartmann, Franz: „*Die schwarze und weiße Magie*", Voltmedia GmbH

Holmes, Ernest Dr.: „*Die Vollkommenheitslehre*", CSA; „*Creative Mind*", Wilder Publications

Hopkins, Emma Curtis: „*Scientific Christian Mental Practice*", DeVorss

Hudson, Thomson Jay Dr.: "*The Law of Psychic Phenomena*", Castle Books

Kenyon, E.W.: "*Jesus the Healer*", Kenyon Gospel

Lipton, Bruce H. Dr.: „*Intelligente Zellen*", KOHA-Verlag

Maltz, Maxwell Dr.: „*Psycho-Cybernetics*", Pocket Books

Mulford, Prentice: „*Unfug des Lebens und des Sterbens*", Fischer

Murphy, Joseph Dr.: "*Die Macht Ihres Unterbewusstseins*", Ariston ; „*Die unendliche Quelle Ihrer Kraft*", Goldmann; „*Die Gesetze des Denkens und Glaubens*", Ariston ; „*Positiv leben ohne Stress*", Goldmann; „*Das Superbewusstsein*", Ullstein

Osho: „*Tantra – Die höchste Einsicht*", Innenwelt; „*Die verborgene Harmonie*", Osho Verlag; „*Die verbotene Wahrheit*", Edition OSHO

Peale, Norman Vincent: „*Positive Imaging*", FawCett Crest

Raleigh, A. S. Dr.: "*Philosophia Hermetica (1916)*" Kessinger Publishing

Rýzl, Milan Prof. Dr.: "*ASW Training*", Ariston Verlag

Sanford, Agnes: „*Heilendes Licht*", Verlag Dr. R.F. Edel

Schindler, John A. Dr.: „*How to live 365 days a year*", Prentice Hall

Seale, Ervin: "*Mingling Minds*" De Vorss

Shinn, Florence Scovel: "*Das Lebensspiel und seine Regeln*", freya

Tolle, Eckhart: „*Jetzt! – Die Kraft der Gegenwart*", Kamphausen

Trine, Ralph Waldo: "*In Harmonie mit dem Unendlichen*", Deltus Media

Troward, Judge Thomas: "*The Edinburgh & Dore Lectures on Mental Science*", DeVorss; "*The Creative Process in the Individual*", DeVorss

Walsch, Neale Donald: „*Bring Licht in die Welt*", Goldmann

Lightning Source UK Ltd.
Milton Keynes UK
UKHW011456230620
365452UK00005B/1022